I0752503

La Ciencia de Hacerse Rico

Por Wallace D. Wattles

Publicado en inglés por BN Publishing © Copyright 2006

Visite nuestra tienda online en:

www.bnpublishing.com

info@bnpublishing.com

CONTENIDOS

Prólogo

ESTE libro es pragmático, no filosófico; un manual útil, no un tratado sobre suposiciones. Está pensado para los hombres y mujeres cuya necesidad más indispensable es el dinero; para quien quiera enriquecerse primero, y reflexionar después.

Es para los que, hasta ahora, no han hallado el tiempo, el medio, ni la oportunidad para ahondar en el estudio de la metafísica, pero quieren consecuencias y están dispuestos a recibir las soluciones de la ciencia como una plataforma para la acción, sin entrar en todos los procesos por medio de los cuales aquellas conclusiones han sido logradas.
Es de esperar que el lector tome las declaraciones esenciales con fe, tal como aceptaría las afirmaciones acerca de una ley de acción eléctrica, si ellas fueran propagadas por un Marconi o un Edison; y, tomando las declaraciones con fe, es como él manifestará su verdad, actuando sobre ellas sin miedo ni vacilación.

Cada hombre o mujer que haga esto seguramente se enriquecerá; porque la ciencia aquí empleada es una ciencia exacta y, por lo tanto, el fracaso es imposible.
Sin embargo, para el beneficio de los que quieren investigar teorías filosóficas y seguras bases lógicas para tener fe, mencionaré aquí a ciertas autoridades.

La monástica teoría del universo, la teoría de que Uno es Todo, y Todo es Uno; que una única médula se manifiesta a sí misma como el pretendido de muchos elementos del mundo material, es de origen hindú, y progresivamente ha ganado su lugar en el movimiento del mundo occidental

durante doscientos años. Ese es el fundamento de toda la filosofía Oriental, y también la de Descartes, Spinoza, Leibnitz, Schopenhauer, Hegel, y Emerson.
El lector a quien le interese indagar en las bases filosóficas de lo expuesto, debería leer a Hegel y Emerson.

Para la escritura de este libro, he sacrificado todas las observaciones que no apunten a la sencillez y la claridad de estilo, para que todos pudieran entender. El plan de acción que se ha utilizado aquí, ha sido deducido de las conclusiones de la filosofía; esto ha sido probado meticulosamente, y soportó la prueba suprema del ensayo práctico: esto funciona.
Si usted desea saber cómo se ha llegado a las conclusiones, deberá leer lo que escribieron los autores citados anteriormente; pero si usted desea cosechar los frutos de su filosofía en la práctica real, lea este libro y haga debidamente le que le dice que haga.

El Autor

Capítulo I -El derecho a ser rico

INDEPENDIENTEMENTE de lo que pueda ser dicho a favor de la pobreza, la realidad es que, no es posible vivir una vida realmente completa o triunfante a no ser que uno sea rico. Ningún hombre puede enaltecerse a su mayor altura en el talento o el perfeccionamiento de su alma, a no ser que tenga mucho dinero; para saber toda su alma y desarrollar al máximo su capacidad, él debe poder usar muchas cosas, y él no puede alcanzar esas cosas a no ser que tenga el dinero para adquirirlas.

Un hombre se desarrolla en mente, alma, y cuerpo utilizando ciertas cosas, y la sociedad es tan instituida que el hombre debe tener el dinero necesario para ser el dueño de las cosas; por lo tanto, *la base de todo el progreso para el hombre debe ser la ciencia de hacerse rico.*

El objetivo de toda la vida es el desarrollo; y todo lo que tiene vida tiene el propio derecho a todo el desarrollo que sea capaz de lograr.

El derecho del hombre a la vida significa su derecho de tener el autónomo y absoluto uso de todas las cosas que pueden ser indispensables a su completo desarrollo mental, espiritual, y físico; o, en otras palabras, su derecho a ser rico.

En este libro no hablaré de la riqueza de un modo retórico; ser realmente rico no significa estar satisfecho o acorde con un poco. Ningún hombre debería estar satisfecho con un poco si él es capaz de usar y deleitarse de más.

El objetivo de la Naturaleza es el progreso y el desarrollo de la vida; y cada hombre debería tener todo lo que puede favorecer al poder, elegancia, belleza, y riqueza de la vida; *quedarse conforme con menos, es escandaloso.*

El hombre que tiene todo lo que él quiere para vivir durante toda la vida que sea apto de vivir, es rico; pero ningún hombre que no tenga mucho dinero puede tener todo que él quiere. La vida ha evolucionado tanto, y se ha hecho tan difícil, que hasta el hombre y la mujer más comunes necesitan una gran cantidad de riquezas para vivir de una manera que apenas se acerque a la totalidad.

Cada persona, evidentemente, quiere convertirse en aquello a lo que es capaz de llegar; este deseo de cumplir todas las posibilidades innatas es esencial a la naturaleza humana; *no podemos menos de querer ser todo lo que podemos ser*.
El triunfo en la vida es llegar a ser lo que usted quiere ser; usted puede convertirse en lo que quiere ser, sólo haciendo usanza de las cosas, y usted puede tener acceso a las cosas sólo en la medida en que usted se convierta en lo bastante rico como para comprarlas. Comprender la ciencia de hacerse rico es, por lo tanto, lo fundamental de todo el conocimiento.

No hay nada malo en el deseo de hacerse rico. La aspiración de riqueza es, realmente, el deseo de una vida más rica, más llena, y más exuberante; y ese deseo es apreciable y meritorio. El hombre que no quiere vivir con mayor abundancia no es normal; y, por lo tanto, el hombre que no desea tener el dinero suficiente como para adquirir todo que él aspira, no es normal.

Existen tres motivos para los cuales vivimos; vivimos para el cuerpo, vivimos para la mente, y vivimos para el alma. Ninguno es mejor o más respetable que el otro; todos son equivalentemente queridos, y ninguno de los tres –el cuerpo, la mente, o el alma– puede vivir totalmente, si cualquiera de los otros es abandonado. No es objetivo ni noble vivir sólo para el alma y negar la mente o el cuerpo; y también se equivoca si vive sólo para la inteligencia y niega el cuerpo o el alma.

Todos sabemos las consecuencias desagradables de vivir para el cuerpo y negar tanto el alma como la mente; vemos que la vida *verdadera* es la expresión completa de todo lo que el hombre puede entregar a través del cuerpo, la mente, y el alma.

Sin afectar lo que él pueda decir, ningún hombre puede ser totalmente feliz o estar satisfecho, a no ser que su cuerpo viva completamente para cada función, y a no ser que él mismo sea real en su mente y su alma. Si en alguna parte queda alguna eventualidad no expresada, o una función no realizada, aparece el deseo insatisfecho. *El deseo es la posibilidad de buscar la expresión, o la función buscando el beneficio.*

El hombre no puede vivir plenamente su cuerpo sin un buen alimento, ropa agradable, y una protección que lo abrigue; y sin la libertad procedente del trabajo. El descanso y el esparcimiento son también necesarios para su vida física. El hombre no puede vivir completamente en su mente sin libros y bastante tiempo como para estudiarlos, sin la oportunidad para viajar y sin el tiempo para observar, o sin la camaradería intelectual. *Para vivir plenamente en su mente, debe tener relaciones intelectuales, y debe rodearse de todos los objetos de arte y la belleza que él sea competente de utilizar y valorar.*

Para vivir enteramente su alma, el hombre debe tener amor; y el amor es una expresión rechazada por la pobreza. La más grande felicidad de un hombre se encuentra en la autorización de beneficios a aquellos a quienes ama; el amor encuentra su expresión más natural y franca en el dar. El hombre que no tiene nada para dar, no puede llenar su lugar como esposo, como padre, como un ciudadano, o como un hombre.

Es en el uso de las cosas materiales, que un hombre encuentra la integridad para su cuerpo, desarrolla su mente, y revela su alma. Por lo tanto, es de gran importancia que él sea rico.

Está en su gran derecho que usted quiera ser rico; si usted es un hombre o mujer normal, no puede menos que desearlo. Y está en su perfecto derecho a estudiar a la Ciencia de hacerse rico, ya que es el más noble y preciso de todos los estudios. Si usted descuida este estudio, usted estará dejando su deber para con usted mismo, para con Dios y la humanidad; porque *usted no puede darle a Dios ni a la humanidad ningún servicio mayor que rendir al máximo sus posibilidades.*

Capítulo II -Hay una ciencia para hacerse rico

EXISTE una Ciencia para hacerse rico, y es una ciencia exacta, como el álgebra o las matemáticas. Hay ciertas leyes que rigen el proceso de alcanzar la riqueza; una vez que estas leyes son aprendidas y cumplidas por cualquier hombre, él se enriquecerá con una certeza matemática.
La propiedad del dinero y las características, vienen como resultado de hacer cosas de un CIERTO MODO; los que hacen cosas de este CIERTO MODO, ya sea con propósito o por casualidad, se enriquecen; mientras que aquellos que no hacen las cosas de ese CIERTO MODO, sin importar con qué potencia trabajen o cómo sean de capaces, se quedarán pobres.

Es una ley natural que algunas causas producen ciertos efectos; y, por lo tanto, cualquier hombre o mujer que aprende a hacer las cosas de este CIERTO MODO, indudablemente se enriquecerá.

Que la anterior declaración sea verdadera, queda demostrado por los siguientes hechos:
Hacerse rico no es un producto del medio ambiente, ya que si lo fuera, toda la gente en ciertos barrios se haría rica; la localidad de una ciudad sería toda ser rica, mientras que los de otras ciudades serían todos pobres; o los oriundos de un estado llegarían a la riqueza, mientras los de un estado limítrofe estarían en la pobreza.

Pero por todas partes vemos a los ricos y a los pobres en el mismo ambiente, y a menudo atareados en los mismos trabajos. Cuando dos hombres están en el mismo lugar, y en el mismo negocio, y uno prospera mientras el otro permanece pobre, demuestra que enriquecerse no es, primariamente, un resultado del medio ambiente. Algunos ambientes pueden ser más propicios que otros, pero cuando dos hombres que trabajan en el mismo negocio están en la misma población, y uno se enriquece mientras otros no, esto muestra que enriquecerse es el resultado de hacer las cosas de un CIERTO MODO.

Y si vamos aún más allá, la capacidad de hacer las cosas de este CIERTO MODO no está tampoco guardada únicamente a la posesión de talento, pues muchas personas que tienen un gran talento permanecen pobres, mientras otros que tienen muy poco talento se enriquecen. Aprendiendo de la gente que se enriqueció, hallamos que ellos son de una clase media desde todo punto de vista, y no tienen ningún talento o capacidad mayor que otros hombres. Es cierto que ellos no se enriquecieron porque poseen talentos y capacidades que otros hombres no tienen, sino porque ellos hicieron las cosas de un CIERTO MODO.

Hacerse rico no es consecuencia del ahorro, o "la economía"; mucha gente muy necesitada es pobre, mientras que los gastadores implacables a menudo se enriquecen. Tampoco se hacen ricos debido a que hacen cosas que otros no logran hacer; dos hombres en el mismo negocio a menudo hacen casi puntualmente las mismas cosas, y uno se enriquece, mientras el otro permanece pobre o quiebra. De todas estas cosas, debemos llegar a la conclusión de que enriquecerse es el efecto de hacer las cosas de un CIERTO MODO.

Si enriquecerse es el resultado de hacer las cosas de un CIERTO MODO, y si las causas siempre producen efectos, entonces cualquier hombre o mujer que pueda hacer las cosas de ese modo puede hacerse rico, y el asunto entero está dentro del dominio de una *ciencia exacta*.

La pregunta que surge aquí es, si este CIERTO MODO puede ser tan difícil que sólo unos cuantos puedan seguirlo. Esto no puede ser verdadero, como hemos visto, porque la capacidad natural no está involucrada. La gente talentosa se enriquece, y los torpes también se enriquecen; la gente intelectualmente brillante se enriquece, y la gente sin muchas luces se enriquece; la gente físicamente fuerte se enriquece, y la gente frágil y enferma se enriquece.
Algún grado de cabida para pensar y entender es, desde luego, esencial; pero en lo que incumbe a una capacidad natural; cualquier hombre o mujer que tiene la capacidad suficiente como para leer y entender estas palabras, seguramente puede enriquecerse.

También hemos visto que esto no es un efecto del medio ambiente. La posición cuenta algo; uno no iría al corazón del Sahara esperando hacer un negocio exitoso. Enriquecerse envuelve la necesidad de tratar con hombres, y de estar donde haya gente para ocuparse de ello; y si esta gente está interesada en seguir por la vía que usted quiere seguir, tanto mejor. Pero esto es todo lo que puede ser significativo referido al medio ambiente.

Si cualquier persona en su ciudad puede enriquecerse, entonces usted también puede; y si cualquier persona en su estado puede enriquecerse, usted también. Otra vez le insisto, esto no es asunto de escoger elegir un negocio o profesión especial. La gente se enriquece en cualquier negocio, y en cualquier profesión, mientras sus cercanos en la misma ocupación permanecen en la pobreza.
Es verdad que usted hará todo lo posible en una profesión que le gusta, y que le resulta agradable; y si usted tiene ciertos talentos bien desplegados, usted hará todo lo mejor posible en un negocio que necesita del ejercicio de esos talentos.
También usted hará todo lo mejor posible en un negocio que está bien ubicado en el lugar correcto; un local de venta de

helados trabaja mejor en un clima caluroso que en Groenlandia, y una factoría de salmón tendrá más éxito en el Noroeste que en la Florida, donde no hay ningún salmón.

Pero, aparte de esas restricciones generales, enriquecerse no depende de su pacto en algún negocio en particular, sino de su estudio para hacer cosas de un CIERTO MODO. Si usted está ahora en el negocio, y alguien más en su localidad prospera con el mismo tipo de negocio, mientras usted no se enriquece, es porque usted no hace las cosas del mismo estilo que la otra persona las hace.

Nadie está fuera de hacerse rico por la falta de capital. Por supuesto, si usted consigue el capital, el crecimiento se hace más fácil y rápido; pero el que tiene capital ya es rico, y no tiene que reflexionar cómo enriquecerse.
No importa cuán pobre pueda ser usted, si empieza a hacer cosas de CIERTO MODO, usted comenzará a enriquecerse; y usted comenzará a tener el capital. La ganancia de capital es una parte del proceso de enriquecimiento; y esto es una parte del efecto que invariablemente sigue al hacer las cosas de CIERTO MODO.

Usted puede ser el hombre más pobre del continente, y estar profundamente empobrecido; usted puede no tener amigos, ni autoridad, ni recursos; pero si usted comienza a hacer cosas de este modo, seguramente debe comenzar a enriquecerse, ya que determinadas causas producen determinados efectos.

Si usted no tiene ningún capital, puede conseguir el capital; si usted está en el negocio incorrecto, puede ingresar en el negocio correcto; si usted está en un lugar incorrecto, puede ir a al correcto; *y usted puede hacer así comenzando en su negocio presente y en su actual localidad para hacer cosas del CIERTO MODO que lo llevará al éxito.*

Capítulo III -La oportunidad, ¿está monopolizada?

NINGÚN hombre persiste pobre porque la oportunidad le haya sido robada, o porque otra gente haya monopolizado la riqueza, y haya puesto una barrera alrededor de ella. A usted puede resultarle difícil trabajar con determinados rubros, pero hay otros conductos abiertos para usted.
Probablemente sería difícil para usted tener el control de cada uno de los grandes sistemas de ferrocarril; ese campo está muy monopolizado. Pero el negocio eléctrico de ferrocarril está todavía en sus primeros momentos y ofrece muchas posibilidades para las empresas; y dentro de muy pocos años, el tráfico y el transporte por aire harán una gran manufactura, y en todas sus ramas darán el oficio a cientos de miles –quizás a millones– de personas. ¿Por qué no girar su atención al desarrollo del transporte aéreo, en vez de competir con J. J. Hill y otros para tener una posibilidad en el mundo del ferrocarril a vapor?

Es bastante real que si usted es un trabajador con un trabajo honesto, tiene muy pocas posibilidades de hacerse dueño de la planta en la que trabaja; pero también es efectivo que si usted comenzara a actuar de un CIERTO MODO, pronto podría dejar el empleo de confianza; usted podría adquirir una granja de diez a cuarenta acres, y entrar al negocio como un fabricante de productos alimenticios.
Hay una gran oportunidad en este tiempo para los hombres que vivan en pequeñas hectáreas de tierra y la cultiven de

manera intensiva; tales hombres seguramente se enriquecerán. Puede decir que es improbable para usted obtener la tierra, pero voy a demostrarle que esto no es imposible, y que *usted ciertamente puede conseguir una granja si trabaja de un CIERTO MODO.*

En etapas diferentes la marea de las oportunidades va en direcciones diferentes, según las necesidades generales y la etapa particular de progreso social que haya sido alcanzada. Actualmente, América se inclina hacia la agricultura y las industrias y profesiones afines. Hoy, esas oportunidades están disponibles antes que las de una fábrica. Esto es, más abierta de lo que era antes el hombre de negocios que proveía al granjero; más que quien antes proporcionaba al trabajador de una fábrica; más que antes el hombre profesional, quien esperaba del granjero, más que antes de quien trabaja en la clase obrera. Hay una gran cantidad de oportunidades para el hombre que vaya con la marea, en vez de tratar de nadar en contra de ella.

Los trabajadores de una fábrica, ya sea como sujetos o como una clase, no están privados de la oportunidad. Los trabajadores no son "contenidos" por sus empleadores; ellos no son “recluidos” por las grandes corporaciones y las composiciones de capital. Como una clase, ellos están donde están porque no hacen las cosas de un CIERTO MODO.

Si los trabajadores de América decidieran hacerlo así, ellos podrían seguir el ejemplo de sus hermanos en Bélgica y otros países, y crear grandes tiendas e industrias cooperativas; ellos podrían elegir a los hombres de su propia clase, y proclamar las leyes que favorecieran el desarrollo de las industrias cooperativas; y en unos años ellos podrían tomar posesión pacífica del área industrial.

La clase obrera podría convertirse en la clase magistral si ellos empezaran a hacer cosas de un CIERTO MODO; la ley de riqueza es la misma para ellos que para todo el resto. Esto es lo que ellos deben asimilar; o ellos persistirán donde están mientras sigan haciendo lo que hacen. El trabajador individual, sin embargo, no está dominado por la ignorancia o la comodidad de su clase; él puede seguir la marea de oportunidades hacia la riqueza, y este libro le dirá cómo.

Nadie es mantenido en la pobreza para abastecer riqueza a otros; hay más que suficiente para todos. Un palacio tan grande como el Congreso de Washington podría ser construido para cada familia sobre la tierra, sólo con los materiales de construcción existente en los Estados Unidos; y con un cultivo intensivo, este país produciría la lana, el algodón, el lino, y la seda suficientes para lograr un género para cada persona en el mundo, más fino del que Salomón ha usado en toda su gloria, junto con alimento bastante como para sustentarlos a todos aparatosamente.
El abastecimiento visible es prácticamente interminable; y el suministro invisible realmente ES inagotable.
Todo lo que usted ve sobre la tierra está compuesto de una SUSTANCIA ORIGINAL, de la que todas las cosas provienen.

Constantemente son creadas FORMAS NUEVAS, y más de las viejas se diluyen; pero todas son formas asumidas por UNA COSA.

No hay ningún límite al abastecimiento de MATERIA SIN FORMAR, o de SUSTANCIA ORIGINAL. El universo está hecho de ello; pero no todo ha sido usado en la creación del universo. Los espacios en, a través, y entre, las formas del universo visible, están empapados y llenos con la SUSTANCIA ORIGINAL, con la MATERIA SIN FORMAR, con la materia prima de todas las cosas. Diez mil veces más podría ser hecho; tanto como ya ha sido hecho, y aún entonces nosotros no habríamos consumido el suministro de la materia prima universal.

Ningún hombre, por lo tanto, es pobre porque la naturaleza

es pobre, o porque no hay suficiente. La naturaleza es un depósito inagotable de riquezas; el suministro nunca será poco. La SUSTANCIA ORIGINAL está viva con la energía creativa, y firmemente produce más formas. Cuando el racionamiento de materiales de construcción esté agotado, más será producido; cuando el suelo esté agotado para que los elementos de alimentos y materiales para la ropa crezcan sobre él, será imperecedero o más suelo será hecho. Cuando todo el oro y la plata hayan sido sacados de la tierra, si el hombre está todavía en tal etapa de desarrollo social que él necesita oro y la plata, más se originará. *LA MATERIA SIN FORMAR responde a las necesidades de hombre; no lo dejará sin las cosas buenas.*

Esto es verdadero para el hombre en su total; la humanidad en su conjunto es siempre rica en abundancia, y si los sujetos son pobres, es porque ellos no siguen ese CIERTO MODO de hacer las cosas que hacen rico al hombre individual.

La *MATERIA SIN FORMAR* es perspicaz; es materia que piensa. Está viva, y siempre está inducida hacia más vida. Es el impulso natural y esencial de vida para procurar vivir más; es la naturaleza de la inteligencia para agrandarse, y del conocimiento para gestionar extender sus fronteras y encontrar la expresión más perfecta. El universo de formas ha sido hecho por la SUSTANCIA DE VIDA SIN FORMAR, arrojándose a sí misma en la forma de expresarse totalmente.

El universo es una gran PRESENCIA DE VIDA, siempre moviéndose exclusivamente hacia más vida y una maniobra más plena. La naturaleza está formada para el progreso de la vida; el motivo que la impulsa es el de desarrollar la vida. Por este motivo, todo que tiene posibilidad de disponer de la vida, la proporciona espléndidamente; no puede haber ninguna carencia, a no ser que Dios se contradiga y derogue su propio trabajo. A usted no lo mantienen pobre por la falta en el suministro de riqueza; esto es un hecho que explicaré un poco más adelante, diciendo que hasta los recursos de la SUSTANCIA SIN FORMAR están al servicio del hombre o la mujer que descifre y piense en CIERTO MODO.

Capítulo IV -El primer principio en la ciencia de hacerse rico

El PENSAMIENTO es el único poder que puede originar la riqueza tangible de la SUSTANCIA SIN FORMAR. La materia de la que están compuestas todas las cosas es una SUSTANCIA que piensa, y el pensamiento de la representación de esta SUSTANCIA es lo que produce la forma.

La SUSTANCIA ORIGINAL se mueve conforme a sus pensamientos; cada forma y proceso que usted ve en la naturaleza es la expresión perceptible de un pensamiento de la SUSTANCIA ORIGINAL. Como la MATERIA SIN FORMAR piensa en una manera, esto toma aquella forma; como esto piensa en el movimiento, esto crea ese movimiento.

Esa es la manera en que todas las cosas fueron fundadas. Vivimos en un mundo de pensamientos, que forma parte de un universo de pensamientos. El pensamiento de un universo que se mueve desarrollándose a todas las partes de la SUSTANCIA SIN FORMAR, y la MATERIA PENSADORA que se mueve según este pensamiento, tomaron la forma de los sistemas de los planetas, y conservan aquella forma.
La SUSTANCIA PENSANTE toma la forma de su pensamiento, y se mueve según ese pensamiento.

Manteniendo la idea de un sistema de sol y mundos que giran, esto toma la forma de esos cuerpos, y los mueve como los piensa. Pensando en la forma del pausado desarrollo de un roble, esto se mueve en resultado, y produce el árbol, aunque puedan necesitarse siglos para conseguirlo. En la creación, lo que está SIN FORMAR parece moverse según las líneas de movimiento que han sido instituidas; el pensamiento de un roble no permite la formación inmediata de un árbol adulto completo, pero empieza con el movimiento de las fuerzas que crearán el árbol, a lo largo de las líneas establecidas de crecimiento. Cada pensamiento de forma, mantenido en la SUSTANCIA PENSADORA, origina la creación de la forma, pero siempre, o al menos casi siempre, a lo largo de las líneas de crecimiento y acción ya fundadas.

Si el pensamiento para una casa de cierto tipo de construcción, fuera "impregnado" sobre la SUSTANCIA SIN FORMAR, no podría originar la formación inmediata de la casa; pero esto causaría un cambio de las energías creativas que ya están trabajando en el negocio y el oficio en tales canales, que trascenderían en la construcción rápida de la casa.

Y si no hubiera habido ningún canal efectivo por el que la energía creativa hubiera podido trabajar, entonces la casa sería formada derechamente de la SUSTANCIA PRINCIPAL, sin esperar los procesos tardos del mundo orgánico e inorgánico.

Ninguna forma pensada puede ser "conmovida" sobre la SUSTANCIA ORIGINAL sin causar la creación de la forma.

El hombre es un eje de pensamiento, y puede originar el pensamiento. Todas las formas que el hombre pueda erigir con sus manos, primero deben existir en su pensamiento; él no puede darle forma a una cosa antes de haber premeditado en esa cosa.

Hasta ahora, el hombre ha limitado casi totalmente sus esfuerzos al trabajo de sus manos; él ha utilizado el trabajo manual al mundo de las formas, buscando cambiar o cambiar las que ya existen. Él nunca ha pensado en pretender la creación de formas nuevas “impregnando” con sus pensamientos la SUSTANCIA SIN FORMAR.
Cuando el hombre tiene un PENSAMIENTO–FORMA, él adquiere el material de las formas de la naturaleza, y crea una imagen de la forma que está en su imaginación. Él, hasta ahora, ha hecho un pequeño o ningún esfuerzo para asistir a la INTELIGENCIA SIN FORMAR; para trabajar "con el Padre". Él ni ha idealizado que pueda "hacer lo que él ve que el Padre hace".
El hombre transforma y modifica formas existentes a través del trabajo manual; él no ha prestado atención a la pregunta de si no puede engendrar cosas a partir de la SUSTANCIA SIN FORMAR informándolas a sus pensamientos.
Nos planteamos demostrar que él puede hacerlo; manifestar que cualquier hombre o mujer puede hacerlo, y mostrar cómo.

Como primer paso, debemos dejar tres propuestas fundamentales.

Primero, aseveramos que hay una MATERIA ORIGINAL SIN FORMAR, o la SUSTANCIA, de la cual todas las cosas están compuestas. Todos los, supuestamente, muchos elementos, son las exposiciones diferentes de un mismo elemento; las muchas formas halladas en la naturaleza orgánica e inorgánica son formas muy diferentes, provenientes de la misma materia.
Y esta materia es materia pensante; un pensamiento contenido en ella produce la representación del pensamiento. El pensamiento en la médula pensadora, origina formas. *El hombre es el foco del pensamiento, capaz del pensamiento original; si el hombre puede expresar su*

pensamiento al pensamiento único de la sustancia, él puede motivar la creación, o la formación, de las cosas en las que él piensa.

Para abreviar esto:

Hay una materia con pensamiento, de la cual todas las cosas son hechas y que, en su estado original, impregna, comprende, y llena los interespacios del universo. En esta sustancia, un pensamiento ocasiona la cosa que es conjeturada por ese pensamiento. El hombre puede crear cosas en su pensamiento, y si impregna con su pensamiento a la sustancia sin formar, puede hacer que la cosa que él piensa, pueda ser creada.

Puede cuestionarse si yo puedo explicar estas declaraciones; y, sin entrar en detalles, contesto que sí puedo hacerlo, por la lógica y la práctica. Razonando y replegando hacia los fenómenos de la forma y el pensamiento, llego al pensamiento original de la SUSTANCIA; y el raciocinio hacia delante de esa sustancia del pensamiento, llega al poder del hombre de causar la formación de la cosa en la que él piensa. Y a través de lo que he vivido, también encuentro el razonamiento verdadero; y esta es mi experiencia fuerte. Si un hombre que lee este libro se enriquece por hacer lo que el libro le dice que debe hacer, es una seguridad en apoyo de mi afirmación; pero si todos los hombres hacen lo que el libro les dice y se enriquecen, es la prueba efectiva hasta que alguien pase por todo el proceso y falle.

La hipótesis es verdadera hasta que el proceso fracase; y este proceso no fallará, en cada hombre que haga fielmente lo que este libro le dice que debe hacer para enriquecerse.

He dicho que los hombres se enriquecen por hacer las cosas de un CIERTO MODO; y para hacerlo así, los hombres deben volverse capaces de pensar de un CIERTO MODO.
El MODO de un hombre de hacer las cosas es el efecto directo del MODO en que él piensa en las cosas.
Para hacer las cosas del CIERTO MODO en que usted quiere hacerlas, tendrá que alcanzar la capacidad de pensar de ese CIERTO MODO en el que usted quiere pensar; este es el primer paso para hacerse rico.

Pensar lo que usted quiere pensar es la VERDAD, autónomamente de las apariencias.

Cada hombre tiene el talento natural e innato de pensar lo que él quiere pensar, pero esto requiere mucho más esfuerzo que pensar en los pensamientos que son propuestos por las apariencias.

Pensar según las apariencias es fácil; pensar la verdad autónomamente de las apariencias es muy trabajoso, y necesita el gasto de más fuerza que la que cualquier otro hombre de trabajo esté llamado a cometer para hacerlo funcionar. No hay ningún trabajo que sea tan rígido –y del que la mayoría de la gente trate de escaparse– como el pensamiento sostenido y consecuente; esto es el trabajo más duro del mundo. Esto es especialmente verdadero cuando la verdad es inversa a las apariencias. Cada apariencia en el mundo visible tiende a crear una forma adecuada en la mente del que lo observa; y esto sólo puede ser advertido sosteniendo el pensamiento de la VERDAD.

Mirar por encima de la apariencia de enfermedad creará una forma de enfermedad en su propia mente –y en última instancia en su cuerpo– a no ser que usted mantenga el pensamiento de la verdad, que es que no hay ninguna enfermedad; esto es sólo un semblante, y la realidad es la salud.

Mirar por encima de la apariencia de pobreza ocasionará formas correspondientes en su propia mente, a no ser que usted sostenga la verdad de que no hay ninguna pobreza; existe sólo la abundancia.

Pensar en la salud cuando está envuelto por las apariencias de enfermedad, o pensar en la riqueza cuando está rodeado de las apariencias de pobreza, necesita poder; pero quien logra este poder se convierte en una MENTE DOMINADORA. *Él puede conquistar el destino; él puede tener lo que él quiere.*

Este poder sólo puede ser alcanzado por la colocación del hecho básico que está detrás de todas las apariencias; y el hecho es que hay una SUSTANCIA QUE PIENSA, de la que –y por la cual– todas las cosas están hechas.

Entonces debemos entender que la verdad enclaustrada en cada pensamiento de esta sustancia se convierte en una forma, y que el hombre puede así impregnar sus pensamientos sobre esa sustancia, para hacer que ella tome la forma y se convierta en una cosa tangible.

Cuando hacemos esto, perdemos toda la duda y el miedo, ya que sabemos que podemos crear lo que queremos crear; podemos alcanzar lo que queremos tener, y podemos convertirnos en lo que queremos ser.
Como un primer paso para hacerse rico, usted debe entender las tres declaraciones fundamentales dadas antes en este capítulo; y para recalcarlas las repito aquí.

Hay una materia pensadora de la que todas las cosas están compuestas y que, en su estado original, impregna, penetra, y llena los interespacios del universo.

Un pensamiento en esta sustancia, engendra la cosa que es imaginada por el pensamiento.

El hombre puede crear cosas en su pensamiento y, si impregna su pensamiento en la SUSTANCIA SIN FORMAR, puede conseguir la cosa que él quiere que sea creada.

Usted debe dejar a un lado todas las demás nociones del universo que no sean las monásticas; y usted debe ocupar esta idea antes de que esto sea fijado en su mente, y se haya hecho su pensamiento tradicional. Lea estas declaraciones de dogma muchas veces; grabe cada palabra en su memoria, y medite sobre ellas para que usted crea sólidamente lo que ellas dicen.

Si lo asalta alguna duda, déjela de lado como si fuera un error.

No escuche explicaciones en contra de esta idea; no vaya a templos o conferencias donde enseñen o instruyan un concepto contrario.

No lea revistas los libros que enseñen una idea desigual; si usted mezcla y se embrolla en su fe, todos sus esfuerzos serán en vano.

No pregunte por qué estas cosas son auténticas, ni especule pensando cómo pueden ser verdaderas; simplemente adquiéralas con toda su confianza.

La ciencia de los que se enriquecen comienza con la aprobación absoluta de esta fe.

Capítulo V -Aumentando la vida

USTED debe desbaratarse de todo rastro pasado y de la arcaica idea de que hay una Deidad cuyo deseo es que usted sea pobre, o cuyos objetivos pueden estar al servicio de conservarlo en la pobreza. La SUSTANCIA INTELIGENTE que es TODO, y EN TODO, que vive EN TODO y vive en usted, es una SUSTANCIA deliberadamente VIVA.

Siendo una sustancia intencionadamente viva, debe tener la naturaleza y el deseo innato de cada inteligencia viva para el aumento de la vida. Cada ser vivo debe pedir continuamente la expansión de su vida, porque la vida, en el mero hecho de vivir, debe desarrollarse.

Una semilla que caiga a la tierra, empieza con su actividad, y en el acto de vivir causa cientos más semillas; la vida, al vivirla, se reproduce. Esto siempre se hace MÁS; esto debe ser así, si sigue siendo en su totalidad.

La comprensión tiene esta misma necesidad de acrecentamiento continuo. Cada pensamiento que pensamos es necesario para que nosotros pensemos otro pensamiento; el discernimiento continuamente se amplía. Cada hecho que aprendemos nos lleva al aprendizaje de otro hecho; el conocimiento permanentemente aumenta. Cada talento que laboramos trae a la mente las ganas de cultivar otro talento; estamos sumisos al impulso de vida, buscando la expresión que siempre nos conduce a saber más, a hacer más, y a ser más.

Para estar al tanto de más, debemos hacer más., y para ser más, debemos tener más; debemos poseer cosas para usar, para instruirse, y superarnos: sólo utilizando cosas. Debemos enriquecernos, para que nosotros podamos vivir

más.
El deseo de riqueza es meramente la capacidad para la exploración de una larga vida, intentando su acatamiento; cada deseo es el esfuerzo de una posibilidad no enunciada de entrar en acción. Es este poder que trata de manifestarse, el que origina el deseo.
Lo que le hace anhelar tener más dinero es lo mismo que hace desarrollar a la planta; es la VIDA, buscando la expresión más completa.
El que VIVE la SUSTANCIA debe estar sujeto a esta legislación esencial a toda la vida; esto es, impregnado con el deseo de vivir más; por eso es necesario crear cosas.
La SUSTANCIA ÚNICA, quiere vivir más en usted; por eso quiere que usted tenga todas las cosas que pueda utilizar.
Este es el deseo de Dios: que usted sea rico. Él quiere que usted se enriquezca, porque Él puede pronunciarse mejor en usted si usted tiene muchas cosas para emplear y expresarse con Él. Él puede vivir más en usted, si usted tiene un control ilimitado del significado de la vida.
El universo quiere que usted pueda tener todo que usted desea tener.
La naturaleza es amistosa con sus planes.
Todas las cosas son, naturalmente, para usted.
Convénzase de que esto es real.
Es esencial, sin embargo, que *su propósito concierte con el propósito que está en TODO.*

Usted debe desear una vida verdadera, no el puro placer de la complacencia sensual. La vida es el beneficio de cada función; y el individuo realmente vive sólo cuando él cumple cada función física, mental, y espiritual, de las que es capaz, sin excederse en ninguna de ellas.

Usted no quiere enriquecerse para vivir codiciosamente, ni para la satisfacción de sus deseos animales; eso no es la vida. La labor de cada función física es parte de la vida, y nadie vive completamente si niega los impulsos del cuerpo dentro de una expresión normal y sana.

Usted no quiere enriquecerse solamente para disfrutar de placeres mentales, alcanzar el conocimiento, satisfacer la codicia, eclipsar a otros, o ser famoso. Todos esos deseos son una parte genuina de la vida, pero el hombre que vive sólo para los placeres del entendimiento, sólo tendrá una vida parcial, y nunca verá satisfecha la totalidad.

Usted no quiere enriquecerse solamente para el bien de otros, perderse por la salvación de la humanidad, apreciar las alegrías de la filantropía y el sacrificio. Las alegrías del alma son sólo una parte de vida; y no son mejores o más ilustres que cualquier otra parte.

Usted quiere enriquecerse para poder comer, beber, y estar alegre cuando sea el tiempo para realizar esas cosas; para que usted pueda envolverse de hermosas cosas, ver países distantes, alimentar su mente, y desplegar su intelecto; para poder amar a los hombres y hacer cosas cordiales, y ser capaz de jugar un buen papel para ayudar al mundo a hallar la verdad. Pero recuerde que la extrema nobleza no es mejor, como tampoco es más noble el egoísmo extremo; ambas posturas son erradas.

Deshágase de la idea de que Dios quiere que usted se dedique a los otros, y que usted pueda congraciarse con Él por actuar así; Dios no quiere ese tipo de cosas.

Lo que Él quiere es que usted aproveche el máximo de usted mismo, para usted, y para los otros; y *usted puede socorrer más a los otros aprovechando el máximo de usted mismo, que de cualquier otro modo.*

Usted puede hacer lo mejor, sólo haciéndose rico; entonces está bien y es meritorio que usted ponga su primer y mejor

pensamiento en el trabajo de lograr riqueza.
Recuerde, sin embargo, que el deseo de SUSTANCIA es para TODO, y sus movimientos deben ser para dar más vida a todos; no puede ser hecho para reducir la vida de nadie, porque esto es igual para todos en su totalidad, en la búsqueda de la riqueza y la vida.

La SUSTANCIA INTELIGENTE hará cosas para usted, pero no le sacará las cosas a alguien para dárselas a usted.
Usted debe desprenderse de la idea de la competencia.
Usted debe crear, no rivalizar por lo que ya está creado.
Usted no tiene que prohibirle nada a nadie.
Usted no tiene que manejarse con negocios complejos.
Usted no tiene que falsificar, o aprovecharse.
Usted no tiene necesidad de dejar ningún trabajo para ganar menos de lo que gana.
Usted no tiene que ambicionar la propiedad de otros, o mirarlo con ojos codiciosos; ningún hombre tiene nada que usted no pueda tener igualmente, y eso sin robarle lo que ese hombre tiene.
Usted debe convertirse en un creador, no en un competidor; usted va a tener lo que quiera, pero de tal modo que cuando usted lo consiga, cada uno de los otros hombres tendrá más de lo que tiene ahora.

Soy consciente de que hay hombres que alcanzan una enorme cantidad de dinero actuando en total impedimento con las declaraciones del párrafo anterior, y puedo agregar alguna palabra de explicación aquí.
Los hombres del tipo plutocrático, los cuales se hacen muy ricos, lo consiguen a veces solamente por su extraordinaria capacidad de competencia; y a veces ellos, instintivamente, se relacionan con la SUSTANCIA en sus grandes objetivos y movimientos para la reconstrucción del perfeccionamiento industrial. Rockefeller, Carnegie, Morgan, etc., han sido los agentes involuntarios del SUPREMO en el necesario trabajo de coordinar y organizar la industria productiva; y, al final,

su trabajo ayudó enormemente a desarrollar la vida para todos.

Sus días están casi terminados; ellos han constituido la producción, *y pronto serán superados por los agentes de la multitud, quien organizará la maquinaria de repartición.*

Los multimillonarios son como los monstruosos reptiles de las eras prehistóricas; ellos tienen una pieza necesaria en el proceso evolutivo, pero el mismo PODER que los originó, los eliminará.

Y debe tener bien en cuenta que ellos nunca han sido verdaderamente ricos; una investigación de las vidas privadas de la mayor parte de esta clase de personas, expondrá que ellos realmente han sido los más abyectos y desgraciados de los pobres.

La riqueza erigida sobre la competencia nunca es grata ni permanente; esa riqueza es de ellos hoy, y de otros mañana. Recuerde, si usted debe hacerse rico de una manera científica e incuestionable, usted debe salir completamente del pensamiento competitivo. Usted nunca debe pensar, ni por un momento que el abastecimiento es limitado. Tan pronto como usted comienza a pensar que todo el dinero va a ser "manejado" y controlado por banqueros y otros, y que usted debe preocuparse de conseguir sustento legal para parar este proceso, etcétera; en aquel momento usted empieza a tener una mente competitiva, y su poder de ser casualidad de la creación se va por el momento; y, lo que es peor, usted posiblemente interrumpa los movimientos creativos que ya había comenzado.

SEPA que hay un valor de incalculables millones de dólares de oro en las montañas de la tierra que aún no fueron llevados a la luz; pero sepa también que si no hubiera, sería elaborado por el PENSAMIENTO de la SUSTANCIA para asistir sus necesidades.
SEPA que el dinero que usted necesita llegará, aunque para esto sea necesario que mil hombres lo lleven al descubrimiento de las nuevas minas de oro del futuro.

Nunca mire el suministro manifiesto; mire siempre a la riqueza ilimitada en la SUSTANCIA SIN FORMAR, y sepa que ellos le llegarán tan pronto como usted pueda recibirlos y usarlos.

Nadie que encierre el suministro visible puede imposibilitarle conseguir el que es suyo.
Entonces, nunca se permita pensar, ni por un instante, que las mejores ideas de cosas que se erigen serán tomadas por otros antes de que usted se disponga a construir su casa, a no ser que usted no se adelante.
Nunca se preocupe acerca de la seguridad y las fusiones; no se ponga deseoso ni miedoso de que ellos pronto vengan para conservar la tierra entera.
Nunca tenga el miedo de que usted pueda perder lo que quiere porque alguna otra persona "se le adelanta".

Esto no puede pasar dentro de lo viable; usted no busca ninguna cosa que sea propiedad de otra persona más; usted causa sólo lo que quiere que sea elaborado de la Sustancia Sin Formar, y ese suministro es sin límites.
Aténgase a lo ya explicado:
Hay un elemento pensador de la que todas las cosas son hechas y que, en su estado original, impregna, penetra, y llena los interespacios del universo.

Un pensamiento en esta sustancia, produce la forma que es imaginada por el pensamiento.
El hombre puede constituir cosas en su pensamiento, y, por impregnar su pensamiento sobre la SUSTANCIA SIN FORMAR, puede producir la cosa que él piensa que debe ser creada.

Capítulo VI -Cómo llega la riqueza a usted

CUANDO digo que usted no tiene que llevar a cabo negocios dificultosos, no significa que usted no lleve ningún negocio en absoluto, o que usted está por encima de la necesidad de tener negocios con los demás. Quiero significar que usted no tendrá que lidiar con ellos inútilmente; usted no tiene que obtener algo para nada, *pero debe dar a cada hombre más de lo que usted toma de él.*

Usted no puede darle a cada hombre más –en el valor en práctico del mercado– de lo que usted toma de él, pero usted puede darle más en *valor de usanza,* que el valor en efectivo de la cosa que usted toma de él.
El papel, la tinta, y los demás materiales de este libro pueden no merecer el dinero que usted paga por ello; pero si las ideas propuestas por este libro le traen miles en dólares, usted no ha sido falseado por los que se lo vendieron; ellos le han dado a usted un gran *valor de usanza* por un pequeño valor en efectivo.

Vamos a presumir que yo poseo un cuadro de uno de los grandes artistas que, en cualquier corporación civilizada, vale miles en dólares. Lo llevo a una acreditada Galería de Arte y, por "el arte de vender" incitan a un esquimal a entregar por él un bulto de pieles que valen US$ 500.
Realmente lo he engañado, ya que él no puede darle provecho al cuadro; esto no tiene un *valor de usanza* para él, porque eso no le sumará nada a su vida. Pero, suponga que le doy un arma que vale US$50 por sus pieles; entonces él habrá cerrado un buen negocio, porque puede usar el arma;

podrá adquirir muchas más pieles y mucho alimento; esto le añadirá de muchas formas cosas a su vida; eso lo hará rico. Cuando usted se enaltece desde la ubicación competitiva a la creativa, puede examinar muy estrictamente sus transacciones de negocios, y si usted le vende a algún hombre algo que no suma más a su vida que las cosas que él le da a cambio, usted puede accederse detener la operación. Usted no necesita arrollar a nadie en el negocío. Y si usted está en un negocio que lastima a las personas, salga de ello rápidamente.

Dé a cada hombre más en *valor de usanza*, de lo que usted toma de él en valor efectivo; de esa forma usted suma algo a la vida del mundo por cada arreglo de negocio.
Si usted tiene gente que trabaja para usted, debe tomar de ellos más en valor en efectivo de lo que usted paga en los sueldos; porque así usted podrá constituir su negocio, que estará lleno de empuje, y cada empleado que lo quiera pueda avanzar un poco más cada día.
Usted puede lograr que su negocio haga por su personal lo mismo que este libro hace por usted.
Usted puede así llevar su negocio como si fuera una especie de escalera, por la que cada empleado que haga el adecuado esfuerzo podrá subir a la riqueza; pero, una vez brindada la oportunidad, si él no lo hace no será culpa suya, sino de él.

Y, finalmente, si usted debe fundar su riqueza de la SUSTANCIA SIN FORMAR que impregna todo su ambiente, esto no significa que deba tomar la representación de la atmósfera y "crearse" ante sus propios ojos. Si usted quiere una máquina de coser, por ejemplo, no significa que usted deba impregnar el pensamiento de una máquina de coser sobre la SUSTANCIA PENSADORA y que la máquina será creada, sin sus manos, en el lugar donde usted se encuentra, o en otro espacio. Si usted quiere una máquina de coser, mantenga la imagen mental de ello con la más positiva seguridad de que esto ya está hecho, o está en vías hacia usted. Después, una vez que ha logrado la alineación del pensamiento, tenga la mayor fe, absoluta y total, de que la máquina de coser vendrá; nunca piense en ello, o comente sobre ello, ya que de cualquier manera debe estar seguro de que va a llegar. Preténdalo ya como algo suyo.

Esto le será traído por el poder de la INTELIGENCIA SUPREMA, que actúa sobre las mentes de los hombres. Si usted vive en Maine, puede ser que un hombre provenga desde Texas o Japón para convenir alguna transacción *que hará posible la ganancia que usted quiere*. Si es así, el asunto entero será una mejoría tanto para el hombre, como para usted.

No olvide ni un momento que la SUSTANCIA PENSADORA está a través de todo, en todo, anunciándose con todo, y puede influir en todos. El deseo de la SUSTANCIA PENSADORA para una más plena y mejor vida, ha originado la creación de todas las máquinas de coser que ya han sido fabricadas; y esto puede ocasionar la creación de millones más, y continuarán, siempre que los hombres sitúen en movimiento el deseo y la fe, y actúen de un CIERTO MODO.

Usted puede tener una máquina de coser en su casa; y es verdad que usted puede tener cualquier otra cosa o cosas que usted desea, y que usted usará para el avance de su propia vida y las vidas de otros.

La SUSTANCIA ORIGINAL quiere estar todo lo que sea posible en usted, y quiere que usted tenga todo lo que pueda emplear para tener una vida más óptima. Si usted fija en su comprensión el hecho de que el deseo por la posesión de riqueza es sólo uno con el deseo de OMNIPOTENCIA para una más completa expresión, su fe se hará invulnerable.

Una vez vi a un niño sentado ante un piano, tratando en vano obtener la armonía en las teclas; y vi que él estaba desolado y molesto por su incapacidad de tocar verdadera música. Le pregunté la causa de su disgusto, y él contestó, "puedo sentir la música en mí, pero no puedo hacer que salga bien de mis manos". La música en él era el IMPULSO de la SUSTANCIA ORIGINAL, dominando todas las posibilidades de toda la vida; todo lo que hay de música indagaba la expresión a través del niño.

Dios, la ÚNICA SUSTANCIA, trata de vivir y regocijarse con cosas a través de la humanidad.
Él dice: "quiero manos que edifiquen maravillosas estructuras, elaboren divinas armonías, pinten cuadros gloriosos; quiero pies que corran para hacer mis diligencias, ojos para ver mis bellezas, lenguas para decir verdades intensas y cantar maravillosas canciones", etcétera.

Todas las opciones que existen, buscan su expresión a través de los hombres.

Dios desea que los que pueden tocar música posean pianos y cualquier otro instrumento, y tener los medios para elaborar sus talentos al máximo.

Él quiere que los que pueden valorar la belleza sean capaces de envolverse de hermosas cosas.

Él quiere que los que pueden diferenciar la verdad puedan tener la oportunidad de viajar y observar.

Él desea que los que pueden valorar la ropa puedan estar maravillosamente vestidos, y los que pueden apreciar el buen alimento puedan ser finamente alimentados.

Él quiere todas estas cosas porque es Él quien se complace y las aprecia.

Es Dios quien quiere jugar, y cantar, y disfrutar de la belleza, y promulgar la verdad y usar ropa fina, y comer alimentos buenos.

La esperanza que usted tiene de riqueza es eterna, buscando que Él se exprese a través de usted así como Él se propuso encontrar la expresión en el niño del piano.

Entonces usted no precisa vacilar o preguntar demasiado.

Su parte es focalizar y expresar el deseo de Dios.

Esto es un punto complicado para la mayoría de la gente. Ellos guardan algo de la vieja idea de que la pobreza y el sacrificio complacen a Dios.

Ellos piensan en la pobreza como una parte del plan, una necesidad de la naturaleza.

Ellos tienen la idea de que Dios ha consumado Su trabajo, y ha hecho todo lo que Él puede hacer, y que la mayoría de los hombres debe conservarse pobre porque no hay bastante para todos.

Ellos están tan iluminados con este pensamiento equivocado, que se avergüenzan de pedir riqueza. Ellos tratan de no desear más que una destreza muy modesta, lo justo para hacerlos sentir cómodos.

Recuerdo ahora el asunto de un estudiante a quien le contaron que él debía lograr formar en su mente una imagen clara de las cosas que quería, para que el pensamiento creativo pudiera ser impregnado en la SUSTANCIA SIN

FORMAR. Él era un hombre muy pobre, que vivía en una casa arrendada, y teniendo sólo lo que ganaba día a día; él no podía entender el hecho de que toda la riqueza era suya. Por eso, después recapacitar sobre el asunto, decidió que, sensatamente, podría pedir una alfombra nueva para el piso de su mejor habitación, y una estufa de carbón de combustible para calentar la casa durante el tiempo frío. Después de seguir las explicaciones dadas en este libro, él obtuvo estas cosas en unos meses; y luego se dio cuenta que no había pedido suficiente.

Él recorrió la casa en la que vivía, y planeó todos los perfeccionamientos que le gustaría hacer en ella; mentalmente agregó una ventana por aquí y otro cuarto por allí, antes de que eso estuviera listo en su mente como su ideal de casa; planificó su mobiliario. Manteniendo la imagen completa en su mente, él empezó a vivir de un CIERTO MODO, y moverse hacia lo que él quería; él tiene ahora la casa, y la está reconstruyendo a partir de la forma de su imagen mental. Y ahora, con una fe muy grande, él sigue tratando de conseguir cosas más grandes. Ha sido así de acuerdo a su fe, y esto es así con usted y con todos nosotros.

Capítulo VII -La gratitud

Los modelos dados en el capítulo pasado harán ver al lector el hecho de que el primer paso para enriquecerse debe ser llevar la idea de su deseo a la SUSTANCIA SIN FORMAR.

Esto es verdad, y usted notará que para hacerlo es necesario atañerse de un modo armonioso con la INTELIGENCIA SIN FORMAR. Asegurar esta relación armoniosa es una cuestión de importancia tan primaria y vital que le daré aquí algún espacio para su discusión, y le daré las instrucciones para que, si usted las sigue, tenga la certeza de que estará en perfecta unidad de mente con Dios.

El proceso completo de arreglo mental y la indemnización, puede ser resumido en una sola palabra, la GRATITUD.

Primero, usted debe creer que hay una SUSTANCIA INTELIGENTE, de la cual vienen todas las cosas; segundo, usted debe creer que esa SUSTANCIA le proporciona todo lo que usted quiera; y tercero, usted debe relacionarse con todo eso por medio de un íntimo y profundo sentimiento de gratitud.

Muchas personas que establecen sus vidas correctamente en todos los aspectos, están en la pobreza por su falta de gratitud. Habiendo recibido un regalo de Dios, ellos cortan los cables que lo ligan con Él y fallan en el reconocimiento. Es fácil entender que cuanto más cerca vivimos al origen de la riqueza, más riqueza recibiremos; y es fácil también de comprender que el alma que está siempre agradecida, vive en una relación más cercana con Dios que el que nunca lo busca para agradecerle.

Cuanta más gratitud tengamos en nuestras mentes y en Dios cuando recibimos cosas positivas, recibiremos, y más rápidamente seguirán llegando; y la razón, puramente, es que la cualidad mental de la gratitud lleva la mente a un contacto más próximo con la fuente de donde vienen las bendiciones.

Si es un pensamiento nuevo para usted que la gratitud, lleva a su cabeza entera a una armonía cercana con las energías creativas del universo, piénselo bien, y verá que es verdad.

Las cosas buenas, las que usted ya posee, le han venido a lo largo de la línea de acatamiento a ciertas leyes. La GRATITUD llevará a su mente a lo largo de los caminos por los que las cosas se presentan; lo conservará en una armonía cercana con el pensamiento creativo y le imposibilitará caer en el pensamiento competitivo. La gratitud sólo puede mantenerse mirando hacia el TODO, e impedirle caer en el desliz de pensar que el abastecimiento es limitado y hacer lo que sería fatal para sus ilusiones. Hay una LEY DE GRATITUD, y es definitivamente necesario que usted la conozca, si desea alcanzar los resultados que busca.
La ley de gratitud tiene el principio natural en el que la acción y la reacción están siempre semejantes, y en direcciones opuestas.

El agradecimiento que se desarrolla como agradecimiento de su mente en la oración de alabanza a Dios, es una autonomía o gasto de fuerza; esto sólo puede alcanzar a quien fue dirigido, y la reacción es un movimiento instantáneo hacia usted.

"Acérquese a Dios, y Él se acercará igual". Esto es una declaración de verdad psicológica. Y si su gratitud es fuerte y persistente, la reacción en la SUSTANCIA SIN FORMAR será fuerte y continua; el movimiento de las cosas que usted desea irá siempre hacia usted.

Usted no puede profesar mucho poder sin gratitud, porque es la gratitud la que lo mantiene acoplado con el Poder.

Pero el valor de la gratitud no consiste solamente en tener más aprobaciones en el futuro. Sin la gratitud, hace mucho que usted no podría haber impedido un pensamiento de disgusto en cuanto a que las cosas sean como son.

En el momento en que usted deja morar en su mente al descontento sobre cosas que son como son, usted empieza a perder la razón. Usted puntualiza su atención en lo ordinario, lo pobre, lo sórdido y avaro; y su mente toma la forma de esas cosas. Entonces usted transferirá estas formas o imágenes mentales a la SUSTANCIA SIN FORMAR, y lo ordinario, lo pobre, lo sórdido, y avaro llegará a usted.

Dejar a su mente acoger lo inferior es hacerse inferior y rodearse de cosas inferiores. Por otra parte, para fijar su atención en lo mejor debe rodearse de lo mejor, y ser lo mejor. El PODER CREATIVO dentro de nosotros nos hace a la fotografía de eso a lo que damos nuestra atención.

Nosotros somos SUSTANCIA PENSANTE, y la sustancia pensante siempre toma la forma de lo que piensa.

La mente agradecida está siempre instituida en lo mejor; por lo tanto, tiende a hacerse lo mejor; toma la forma o la representación de lo mejor, y recibirá lo mejor.

También la fe brota de la gratitud. La mente agradecida espera incesablemente cosas buenas, y la esperanza se transforma en fe. La reacción de gratitud sobre la propia mente produce la fe; y cada oleada de agradecimiento que incita, aumenta la fe. Aquel que no tiene ningún sentimiento de gratitud, no puede guardar una fe viva; y sin una fe viva usted no puede enriquecerse por el método creativo, como expondremos en los capítulos siguientes.

Es necesario, entonces, elaborar el hábito de estar agradecido por cada cosa buena que llega a usted; y dar las gracias permanentemente.

Y porque todas las cosas han contribuido a que usted avance, debería incluir todas las cosas en su gratitud.

No derroche tiempo o conversación acerca de los desperfectos o las acciones erróneas de plutócratas, ni confíe en magnates. Su ordenación del mundo ha hecho su oportunidad; efectivamente, todo lo que usted consigue verdaderamente le viene debido a ellos. No rabie en contra de políticos corruptos; si no fuera por los políticos nosotros caeríamos en la anarquía, y su oportunidad se vería considerablemente disminuida.

Dios ha trabajado mucho tiempo y muy conformemente para traernos hasta donde estamos en la manufactura y en el gobierno, y Él hace directamente Su trabajo. No existe la menor duda de que Él derogará a los plutócratas, magnates de confianza, los capitanes de la industria, y a los políticos, en cuanto ellos estén de más; pero, mientras tanto, piense que todos ellos son muy buenos. Recuerde que todos ellos auxilian a tender las líneas de traspaso a lo largo de las cuales vendrá su riqueza, y esté agradecido con ellos. Eso lo llevará a usted a relaciones armoniosas con el bien en todas las cosas, y el bien en todas las cosas se encaminarán hacia usted.

Capítulo VIII -Pensando de un CIERTO MODO

VUELVA al capítulo IV y lea otra vez la historia del hombre que formó una imagen mental de su casa, y usted alcanzará una clara idea del paso preliminar para enriquecerse. Usted debe formarse una imagen mental clara y delimitada de lo que usted quiere; no puede ceder una idea, a no ser que la tenga usted mismo. Debe tenerla antes de que pueda incorporarla; y muchas personas no logran impregnar e impresionar a la SUSTANCIA PENSANTE porque tienen sólo una vaga y nublada idea de las cosas que ellos quieren hacer, tener, o convertirse. No es bastante que usted tenga un deseo general de la riqueza "para hacer el bien con ella"; todos poseen ese deseo.

No es suficiente que usted tenga el deseo de viajar, ver cosas, vivir más, etc.; todos tienen esas aspiraciones también.
Si usted fuera a mandar un mensaje sin hilos a un amigo, no enviaría las letras en su orden alfabético, y lo dejaría montar el mensaje a él; tampoco tomaría palabras del diccionario al azar. Usted enviaría una frase coherente; que signifique algo. Cuando usted trata de impregnar su deseo en la SUSTANCIA, debe acordarse que esto debe ser hecho por medio de una afirmación coherente; usted debe saber lo que quiere, y ser definido. Usted no puede enriquecerse, o empezar a poner su poder creativo en acción, si envía mala información y vagos deseos.

Aproxímese a sus deseos tal como el hombre que he descrito cuando se acercó a su casa; vea sólo lo que usted quiere, y obtenga una clara imagen mental de ello, tal como usted desea que luzca cuando lo consiga. Usted debe tener permanentemente en su mente esta clara imagen mental, como el marinero tiene su mente fija en el puerto hacia el que él navega con su barco; debe conservar su cara hacia esa imagen todo el tiempo. Usted no debe perderla de vista, como el timonel no pierde de vista la brújula.

No es necesario hacer ejercicios de concentración, ni instituir momentos especiales para la oración y la afirmación, ni "entrar en meditación", ni hacer trucos clandestinos de ninguna clase.

Esas cosas son buenas, pero todo que usted precisa es *saber lo que usted quiere*, y desearlo con la suficiente fuerza como para que esto se ampare en sus pensamientos.

Pase el tiempo libre que usted pueda en la admiración de su imagen, pero nadie tiene que hacer ejercicios para concentrar su mente en una cosa que él quiere verdaderamente; las cosas de las que usted realmente no se preocupa son las que necesitan el esfuerzo de fijar su esmero en ellas. Y como usted realmente quiere enriquecerse, para que el deseo sea lo suficientemente fuerte para sostener sus pensamientos encaminados al objetivo –como el poste magnético sostiene la aguja de la brújula– valdrá la pena el ensayo de realizar las instrucciones dadas en este libro.

Los procedimientos que pondré en juego de ahora en adelante son para la gente cuyo deseo de riqueza es lo bastante fuerte para vencer la flojera mental y la cosa fácil, y hacerlos trabajar. Cuanto más clara y concretada tenga usted su imagen, y más usted ande sobre ella, insistiendo en todos sus encantadores detalles, su deseo será mayor; y cuanto mayor sea su deseo, más fácil será sustentar su mente fija sobre la imagen que usted quiere.

Sin embargo, es necesario algo más que puramente ver la imagen con claridad. Si eso es todo lo que usted hace, usted es sólo un idealista, y tendrá un poder pequeño –o ninguno– para el logro.

Detrás de su imagen clara debe estar el objetivo de ejecutarlo; y de recibirlo en una expresión palpable. Y detrás de ese objetivo debe haber una FE invulnerable y firme de que la cosa ya es suya; que está "al alcance de la mano" y usted solamente tiene que tomar posesión de ella.

Viva en la nueva casa espiritualmente, antes de que esto tome forma alrededor de usted físicamente. En el reino mental, entre prontamente en el placer total de las cosas que usted quiere. *"Todas las cosas que pidan cuando recen, crean que las recibirán, y las tendrán"*

Observe las cosas que usted desea como si estuvieran en realidad alrededor de usted todo el tiempo; véase usted mismo en la posesión y la utilización de la cosa. Utilícelas con su imaginación tal como usted las usará cuando sean sus bienes palpables. Pasee sobre su retrato mental hasta que sea clara y diferente, y luego tome la ACTITUD MENTAL de PROPIEDAD hacia todo lo que hay en esa imagen. Tome posesión de ello en mente, con la fe incondicional de que eso será en realmente de usted. Cumpla con esta actitud de propiedad mental; no desista ni durante un instante a la fe de que eso es la verdad. Y recuerde lo que ha sido explicado en un capítulo anterior sobre la GRATITUD; esté tan agradecido de ello todo siempre como usted espera estarlo cuando haya tomado forma.

El hombre que francamente puede agradecer a Dios por las cosas que él posee aún sólo en la imaginación, tiene fe verdadera.

Él prosperará; él conseguirá la creación de lo que él quiere. Usted no tiene que orar periódicamente por las cosas que quiere; no es necesario decírselo a Dios todos los días.

Su obligación es formular perspicazmente el deseo de las cosas necesarias para una vida más plena, y lograr este deseo dentro de un todo afín; y luego impregnar con este DESEO COMPLETO sobre la SUSTANCIA SIN FORMAR, que tiene el poder y la energía para traerle lo que usted quiere.

Usted no logrará esta impresión repitiendo las palabras; usted lo conseguirá sosteniendo la perspectiva en el OBJETIVO firme de lograrlo, y con la FE firme de que lo logrará. La réplica a la oración no es según la fe que manifiesta mientras habla, sino según su fe mientras usted se ocupa.

Usted no puede *impregnarse* en la mente de Dios si sólo le ofrece un sábado para decirle lo que usted quiere, y lo relega durante el resto de la semana. Usted no puede conmoverlo si sólo tiene algunos horarios especiales para entrar en un ropero a orar y luego borra de su mente lo que usted desea hasta que sea de nuevo la etapa de la oración. El rezo oral es bastante bueno, y tiene su resultado, más que nada sobre usted, en la clarificación de su visión y en el refuerzo de su fe; pero no es con sus petitorias orales que usted conseguirá lo que quiere.

Para enriquecerse usted no precisa sólo *una hora de dulce oración*; usted tiene que *orar sin cesar*. Y por oración quiero explicar: imaginar todo el tiempo la efigie de lo que usted quiere, con el objetivo de motivar su creación en una forma sólida, y con la fe de que usted lo está haciendo así. "*Crean y lo recibirán*".

Todo el asunto se orienta en recibir, una vez que usted ha constituido su visión con claridad. Cuando usted la ha formado, está bien hacer una declaración oral, dirigiendo a Dios una oración reverente; y a partir de ese momento, en su mente, tomar aquello que usted está pidiendo. Viva en la casa nueva; use ropa fina; pasee en el automóvil; haga en viaje y planifique para hacer viajes más grandes. Piense y hable de todas las cosas por las que usted ha pedido como si ya fuera una pertenencia suya, real y vigente. Imagínese un ambiente, y una situación financiera exactamente como usted las desea, y viva todo el tiempo en aquel ambiente imaginario y con esa situación financiera.

Piense, sin embargo, que usted no hace esto como un simple soñador y arquitecto de un castillo; crea con la FE de que lo imaginado será cumplido, y con el OBJETIVO de realizarlo. Recuerde que es la FE y el OBJETIVO en el uso de la imaginación lo que hace la diferencia entre el científico y el soñador.

Y habiendo ejercitado este hecho, es aquí donde usted debe aprender el uso apropiado de la VOLUNTAD.

Capítulo IX -Cómo usar la voluntad

PARA comenzar a enriquecerse de una manera científica, usted no debe emplear su poder de voluntad a nada que esté fuera de usted. Usted no tiene derecho a hacerlo, de todos modos. *Es un gran error destinar su voluntad a otros hombres y mujeres, para lograr que ellos hagan lo que usted desea que se haga.*

Es tan evidentemente dañino exigir a la gente por medio del poder mental, como obligarlos por el poder físico. Si las personas son impuestas por la fuerza física para que hagan cosas para usted, los reduce a la esclavitud; obligándolos por un medio mental consigue exactamente la misma cosa; la única oposición está en los métodos.

Si tomar cosas de la gente por medio de la fuerza física es un robo, tomar cosas por la fuerza mental es también un robo; en principio, no hay ninguna diferencia.

Usted no tiene ningún derecho a utilizar el poder de su voluntad sobre otra persona, aunque sea *para su propio bien,* ya que usted no sabe qué es bueno para ese otro individuo.

La ciencia de hacerse rico no necesita que usted use el poder u obligue a cualquier otra persona, de ninguna forma en absoluto. No hay la más mínima necesidad de hacerlo; en efecto, cualquier prueba de usar su voluntad sobre otros sólo tenderá a hacer decaer su objetivo.

Usted no tiene que aplicar su voluntad a las cosas para mandarlas a que lleguen a usted. Esto sería como obligar a Dios, y sería tan presumido e inútil, como inconveniente.

Usted no tiene que obligar a Dios para que le proporcione cosas buenas, más de lo que usted tiene que utilizar su poder de voluntad para que amanezca.

Usted no tiene que usar su poder de voluntad para tomar a una deidad poco amistosa, o para hacer pujas porfiadas y sediciosas.

La SUSTANCIA es amistosa con usted, y está más ávida para darle lo que usted quiere, que usted en lograrlo. Para hacerse rico, usted sólo tiene que usar su poder de VOLUNTAD sobre usted.

Cuando usted sepa qué pensar y qué hacer, debe usar luego su VOLUNTAD para exigirse a pensar y hacer las cosas correctas. Esto es el empleo genuino de la voluntad para conseguir lo que usted desea, y utilizarlo en conservarse usted mismo en el curso correcto.

Maneje su VOLUNTAD para mantenerse pensando y procediendo de CIERTO MODO.

No trate de proyectar su voluntad, sus pensamientos, o su mente afuera, al espacio, para que *actúe* en las cosas o personas. Conserve su mente *en casa*; puede alcanzarse más allí que en cualquier otro sitio. Use su mente para crearse una imagen mental de lo que usted ambiciona, y para sustentar esa visión con fe y un objetivo; y emplee su voluntad para mantener su mente trabajando del MODO CORRECTO. Cuanto más firme y continua sea su fe y su objetivo, más ágilmente usted se enriquecerá, porque usted enviará sólo emociones POSITIVAS a la SUSTANCIA y no las neutralizará o las reemplazará con impresiones negativas. La imagen de sus deseos, protegida con la FE y el OBJETIVO, será recibida por la SUSTANCIA SIN FORMAR, que la impregnará a grandes distancias por todo el universo, por todo lo que yo sé.

A medida que estas emociones se esparcen, todas las cosas se ponen en movimiento hacia su ejecución; cada ser vivo, cada cosa inerte, y las cosas que aún no han sido creadas, son combinadas para llegar a ser lo que usted quiere. Toda la fuerza empieza a ser ejercida en esa dirección; todas las cosas comienzan a moverse hacia usted. La mente de las personas, por todas partes, absorben la influencia para hacer las cosas precisas para la realización de sus deseos; y ellos trabajan instintivamente para usted.

Usted puede evidenciar todo esto si comienza dándole una impresión negativa a la SUSTANCIA SIN FORMAR.

Es tan seguro que la incertidumbre o la desconfianza comienzan un movimiento alejándose de usted, como que la fe y el objetivo empiezan un movimiento dirigiéndose hacia usted.

Es por no deducir esto que la mayoría de la gente que pretende aprovechar la *ciencia mental* para hacerse rico, fracasa.

Cada hora y momento que usted pasa prestando atención a las vacilaciones y al miedo, cada hora que usted pasa inquietándose, cada hora en la que su alma se deja poseer por la desconfianza, pone un impedimento que lo aparta del dominio completo de la SUSTANCIA INTELIGENTE.

Todas las promesas son para aquellos que creen, y sólo para ellos.

Ya que la fe es tan trascendental, le conviene resguardar sus pensamientos; y como su fe se desarrollará por las cosas que usted observe y piense, es importante que usted pueda tener jurisdicción sobre su atención.

Y aquí viene el uso de la VOLUNTAD; ya que es según su voluntad que usted establece sobre qué cosas fijará su atención.

Si usted quiere hacerse rico, no debe hacer un estudio de pobreza.

Las cosas no se efectúan pensando en sus contraposiciones. La salud nunca debe ser lograda estudiando la enfermedad y especulando sólo en la enfermedad.

La honestidad no debe ser suscitada estudiando el pecado y pensando en el pecado.

Y nadie ninguna vez se enriqueció estudiando la pobreza y pensando en la pobreza.

La medicina, como una ciencia de enfermedades, ha acrecentado la enfermedad; la religión, como una ciencia del pecado, ha originado el pecado, y la economía, como un estudio de pobreza, colmará el mundo de miseria y necesidades.

No hable sobre la pobreza; no la indague, ni se relacione con ella.

No importa cuáles sean sus orígenes; usted no tiene nada que ver con ellos.

Lo que a usted le atañe es la cura.

No derroche su tiempo en el trabajo compasivo, o en movimientos de caridad; toda la caridad sólo tiende a inmortalizar la miseria que apunta a erradicar.

No digo que usted deba ser de corazón duro o poco cordial, y refute oír el grito de la necesidad; pero usted no debe pretender erradicar la pobreza por medio de los caminos convencionales.

Ponga la pobreza y todo lo que lo concierna detrás de usted, y hágalo bien: ¡hágase rico! *Esa es la mejor manera en la que usted puede ayudar al pobre.*

Pero usted no puede conservar la imagen mental de hacerse rico, si llena su mente con las imágenes de la pobreza.

No lea libros ni diarios que den los recuentos circunstanciales de la miseria de los pobladores y su falta de vivienda, de los horrores del trabajo infantil, etcétera.

No lea nada que replete su mente con las imágenes oscuras de las necesidades y el sufrimiento.

Usted no puede ayudar el pobre en lo más mínimo por el sólo hecho de estar al tanto de esas cosas; y que se sepa en todas partes de ellos no tiende en absoluto a revocar la pobreza.

Lo que tiende a abolir la pobreza no es conservar las imágenes de la pobreza en su mente, sino las imágenes de ganancia de riqueza en las mentes de los pobres. Usted no está dejando al pobre a su miseria cuando no le permite a su mente estar llena de las imágenes de aquella miseria.

La pobreza puede ser revocada, no acrecentando el número de gente que piensa en la pobreza, sino aumentando el número de gente pobre que pretende enriquecerse por medio de la fe.

El pobre no precisa de la caridad; necesita la inspiración. La caridad sólo les proporciona un trozo de pan para mantener viva su miseria, o les da asilo como para hacerlos olvidar durante una hora o dos; pero, en cambio, la inspiración hará que ellos puedan realzarse de su miseria.

Si usted quiere ayudar al pobre, manifiéstele que pueden hacerse ricos; demuéstrelo enriqueciéndose usted mismo.

La única forma en que la pobreza alguna vez podrá ser deportada de este mundo es consiguiendo un gran –y constantemente en aumento– número de personas que ejerzan las enseñanzas en este libro.

Deben enseñar a la gente a hacerse ricos *por medio de la creación, no por la competencia.*

Cada hombre que se hace rico por medio de la competencia, echa abajo la escalera por la que él se ha realzado, y mantiene a los otros abajo; pero cada hombre que se enriquece creando, abre un camino para que miles puedan seguirlo, y los inspira para hacerlo. Usted no manifiesta dureza de corazón o inconsciencia cuando rechaza compadecerse de la pobreza, ver la pobreza, leer sobre la pobreza, pensar, charlar de ello, o escuchar a los que hablan de pobreza.

Use su voluntad para conservar su mente fuera del sujeto de pobreza, y mantenerla fija con la FE y el OBJETIVO SOBRE la visión que usted quiere.

Capítulo X -Fomentar el uso de la voluntad

USTED no puede guardar una visión verdadera y clara de la riqueza si está cambiando continuamente su atención a las imágenes opuestas, así sean ser externas o imaginarias. No hable de su pasado y de los problemas de cualidad financiera que usted haya tenido; no piense en ellos en absoluto. No converse de la pobreza de sus padres, o los problemas de su infancia; hacer cada una de estas cosas es encolumnarse mentalmente con el pobre en este instante, y eso seguramente afectará al movimiento de cosas en su dirección.

Instale a la pobreza y todas las cosas que pertenecen a la pobreza totalmente detrás de usted.

Usted ha admitido una cierta teoría del universo como correcta, y ha depositado todas sus esperanzas de felicidad en que es lo correcto; ¿y qué puede usted ganar prestando atención a teorías combativas y contradictorias?

No lea libros religiosos que le digan que pronto llegará el fin del mundo; no lea lo que dicen los investigadores de vidas ajenas y los filósofos pesimistas que le avisan que esto se va al diablo.

El mundo no se va al diablo; el mundo va hacia Dios.

Es asombrosa la acción de hacer. Es verdad que puede haber muchas cosas en la vida cuyas circunstancias son desagradables; pero, ¿para qué sirve estudiarlas cuando probablemente morirán, y cuando el estudio de ellas sólo tiende a evidenciar su muerte y mantenerla con nosotros? ¿Por qué dar tiempo y atención a las cosas que se esfumarán en aras del crecimiento progresivo, cuando usted puede acelerar su supresión sólo promoviendo dicho crecimiento en todo lo que a usted concierne?

No importa cuán espantoso puedan parecer las condiciones en ciertos países, sectores, o sitios, usted derrocha su tiempo y demuele sus propias posibilidades si se pone a reflexionarlos. Usted debería interesarse en un mundo que se innova por la riqueza.

Piense en la riqueza a la que el mundo está ingresando, en vez de la pobreza de la que está saliendo; y tenga en cuenta que el único pasaje en el que usted puede ayudar al mundo en su aumento hacia la riqueza es haciéndose rico usted mismo por el *método creativo*; no por el competitivo.

Ofrezca toda su atención a la riqueza; no haga caso a la pobreza.

Siempre que usted piense o platique de los que son pobres, piense y hable de ellos como de aquellos que se harán ricos; como los que deben ser agasajados más que compadecidos. Entonces ellos y otros atraparán la inspiración, y empezarán a buscar la salida.

Yo digo que usted debe dar todo su tiempo, mente y pensamiento a la riqueza, pero esto no significa que usted deba ser miserable o tacaño. *Hacerse realmente rico es el objetivo más noble que usted puede tener en la vida, ya que ello contiene todo lo demás.*

En la lucha competitiva, la querella por enriquecerse es un revoltijo en donde no hay fe y todos riñen por el poder sobre otros hombres; pero cuando ingresamos con una mente creativa, todo eso es diferente. Todo lo que es posible por el camino de la dignidad, con un alma sin hipocresías, de servicio y esfuerzo, lleva a enriquecerse; todo es posible por el empleo de las cosas.

Si usted no posee salud física, encontrará que el logro de ella está ajustado a su enriquecimiento. Sólo los que están libres de inquietudes financieras, y quienes tienen el medio de vivir una vida despreocupada y seguir prácticas higiénicas, puede tener y conservar la salud.

La nobleza moral y espiritual es posible sólo a los que están por encima de la batalla competitiva por la existencia; y sólo aquellos que se hacen ricos en el nivel del pensamiento creativo están exentos de las influencias viles de la competencia.

Si su corazón está puesto sobre la felicidad casera, recuerde que el amor progresa mejor donde hay delicadeza, un nivel elevado de pensamiento, y la autonomía de evitar influencias; y esto se encuentra sólo donde la riqueza es conseguida mediante el ejercicio del pensamiento creativo, sin luchas o rivalidades.

Usted no puede apuntar a nada que sea más grande o noble –repito– que hacerse rico; y debe precisar su atención en la imagen mental de riqueza, con eliminación de todo lo que puede tender a disminuir u obscurecer esa visión.

Usted debe aprender a ver la VERDAD subyacente en todas las cosas; debe ver la GRAN ÚNICA VIDA bajo todas las circunstancias supuestamente incorrectas, una vez que avanza hacia la expresión y felicidad más completa.

Es verdad que no hay ninguna cosa tal como la pobreza; lo que está allí es sólo la riqueza. Algunas personas persisten en la pobreza porque son ignorantes del hecho de que hay riqueza para ellos; y ellos pueden cultivarlo mejor mostrándoles el camino a la abundancia con el patrón de su propia persona y práctica.

Otros son pobres porque, aunque afirmen que hay una salida, son demasiado apáticos intelectualmente como para hacer el esfuerzo mental preciso de encontrar el camino y transitarlo; y para éstos, lo mejor que usted puede hacer es avivar su deseo mostrándoles la felicidad que se obtiene al ser rico.

Otros todavía son pobres porque, aunque ellos tienen algún conocimiento de la ciencia, se han hundido y perdido tanto en el laberinto de teorías metafísicas y ocultas que no saben qué camino tomar. Ellos intentan una mezcla de muchos sistemas y fallan en todos. Para éstos, otra vez, lo mejor que se puede realizar es mostrar el camino correcto en su propia persona y experiencia; una onza de ejemplos pesa más que una libra de teoría. Lo mejor que usted puede hacer para el mundo entero es rendir al máximo de usted mismo.
Usted no puede servir a Dios y al hombre más enérgicamente que siendo rico; es decir, si usted se enriquece por el método creativo y no por el competitivo.

Otra cosa. Aseveramos que este libro da tendidamente los principios de la ciencia de hacerse rico; y si esto es verdadero, usted no tiene necesidad de leer ningún otro libro sobre el tema. Esto puede parecer muy cerrado y egoísta, pero reflexione: no hay ningún otro método más científico de cálculo en matemáticas que la adición, la substracción, la multiplicación, y la división; ningún otro método es posible. No puede haber más que un sólo trayecto más corto entre dos puntos: una recta. Hay un sólo modo de pensar científicamente, y esto es: pensar de la manera que lleve por la ruta más directa y simple al objetivo. Ningún hombre ha hallado aún una forma de resumir o hacer más simple el "sistema" que el que mostraré de ahora en adelante aquí; esto ha sido despojado de todos los objetos de primera necesidad.

Cuando usted comience con esto, deje todo lo demás a un lado; sáquelos de su mente completamente.

Lea este libro cada día; consérvelo con usted; apréndalo de memoria, y no piense en otros *sistemas y teorías*. Si usted hace eso, empezará a tener vacilaciones, estar inseguro y dudar en su pensamiento; y luego comenzará a fracasar.

Después de que usted lo haya hecho perfecto y se haya hecho rico, puede estudiar otros sistemas tanto como lo quiera; pero hasta que no esté suficientemente seguro de que usted ha logrado lo que quiere, no lea nada sobre este tema, más que este libro, a no ser que sean los autores aludidos en el prefacio.

Y lea sólo los comentarios más optimistas de las noticias del mundo; los que estén en armonía con su imagen. También, postergue sus investigaciones de las ciencias ocultas. No se meta en teosofía, en espiritismo, ni en estudios de ese tipo. Es muy probable que los muertos todavía existan y están cerca; pero si ellos están, déjelos solos; ¡no se meta en lo que no le importa!

En cualquier lugar donde el espíritu de los muertos pueda estar, ellos tienen su propio trabajo que hacer, y sus propios problemas para enmendar; y nosotros no tenemos ningún derecho de estorbar en ellos. No podemos ayudarlos, y es muy incierto que ellos puedan ayudarnos a nosotros, o de que nosotros si tengamos algún derecho de violar su tiempo, si se pudiera.

Deje a los muertos y al futuro solo, y remedie su propio problema; hacerse rico. Si usted empieza a combinarse con lo oculto, comenzarán las contracorrientes mentales que seguramente conducirán sus ilusiones al naufragio.
Ahora, esto y los capítulos anteriores nos han traído a la siguiente declaración de hechos básicos.

Hay una MATERIA PENSADORA de lo cual todas las cosas están compuestas y que, en su estado original, impregna, penetra, y llena los interespacios del universo.

Un PENSAMIENTO, en esta sustancia, PRODUCE la cosa que es comprendida por el pensamiento.

El hombre puede crear cosas en su pensamiento y, por imprimir su pensamiento sobre la SUSTANCIA SIN FORMAR, puede causar que la cosa que él piensa pueda ser creada.

Para hacer esto, el hombre debe pasar de lo competitivo a la mente creativa; él debe tener una clara imagen mental de las cosas que él desea, y el conservar esta imagen en sus pensamientos con el PROPÓSITO consolidado de conseguir lo que él quiere, y la FE firme en que él conseguirá lo que quiere, cerrando su mente a todo lo que puede tender a cambiar su propósito, disminuir su visión, o apagar su fe.

Y, además de todo esto, ahora veremos que él debe vivir y operar de un CIERTO MODO.

Capítulo XI -Actuando de un cierto modo

El PENSAMIENTO es el poder creativo, o la fuerza de acción que obliga al poder creativo a actuar; el pensar de un CIERTO MODO le traerá la riqueza, pero usted no debe descansar sólo en el pensamiento, sin prestar atención a su trabajo personal. Esta es la piedra con la que muchos pensadores, si no científicos metafísicos, van directo al desastre: el fracaso para enlazar el pensamiento con la acción personal. Todavía no hemos logrado la etapa de desarrollo –aún suponiendo que esa etapa sea posible– en la que el hombre pueda crear directamente de la SUSTANCIA SIN FORMAR sin que se interpongan los procesos de la naturaleza o la labor de manos humanas; el hombre no debe sólo pensar: su acción personal debe perfeccionar su pensamiento. Por el pensamiento usted puede ocasionar que el oro del corazón de las montañas sea obligado a ir hacia usted; pero no se hará una mina por sí sola, no se depurará por sí solo, no se hará sola una moneda con un águila, ni vendrá girando a lo largo de las carreteras buscando el camino hacia su bolsillo.

Bajo el poder de acción del ESPÍRITU SUPREMO, los argumentos de la gente estarán tan ordenados que alguien llevará hacia mí el oro que luego irá hacia usted; otras transacciones de negocios estarán dirigidas a que el oro sea transportado hacia usted, y usted debe componer sus propios asuntos de negocios para que pueda ser capaz de recibirlo cuando eso le llegue. Su pensamiento hace todas las cosas, animadas e inertes, trabaja para darle lo que usted desea; pero su actividad personal debe ser tal, que usted puede recoger correctamente lo que quiere cuando eso llegue a usted. No debe tomarlo como si fuera algo de compasión, ni robado; usted debe darle a cada persona más en *valores de uso,* de lo que él le da como valor en efectivo. El uso científico del pensamiento reside en formar una clara y justa imagen mental de lo que usted quiere; en alcanzar rápido el objetivo que usted desea; y en cumplir con agradecimiento que usted consiga lo que usted quiere.

No intente *proyectar* su pensamiento de cualquier manera misteriosa u oculta, con la idea de que salga y haga cosas para usted; ese es un esfuerzo malgastado y debilitará su poder de pensar razonablemente.

La acción del pensamiento en hacerse rico está totalmente expuesta en los capítulos anteriores; su FE y OBJETIVO impresionan positivamente su visión sobre la SUSTANCIA SIN FORMAR, que tiene *el mismo deseo de más vida que usted tiene;* y esa perspectiva, recibida de usted, pone todas las fuerzas creativas a trabajar *en y por sus canales regulares de acción,* pero enviadas hacia usted. No es cosa suya dirigir o inspeccionar el proceso creativo; todo lo que usted tiene que hacer con eso es conservar su visión, atenerse a su PROPÓSITO, y mantener su FE y su GRATITUD.

Pero usted debe conducirse de un CIERTO MODO, para que pueda apropiarse de lo que es suyo cuando le llegue; para que usted pueda encontrarse con las cosas que tiene ahora en imagen, y ponerlas en los sitios adecuados cuando lleguen.

Usted realmente puede observar la verdad de esto. Cuando las cosas lo alcancen, estarán en las manos de otros hombres, quienes solicitarán un correspondiente por ellas. Y usted sólo puede conseguir lo que es el suyo dando a otro hombre lo que es suyo. Su cartera no va a ser convertida en la billetera de un multimillonario que debe estar siempre repleta de dinero sin ningún esfuerzo de su parte. Este es el punto decisivo en la ciencia de hacerse rico; justo aquí, donde deben concertarse el pensamiento y la acción personal.

Hay muy muchas personas que, considerada o involuntariamente, ponen las fuerzas creativas en acción mediante la fuerza y la constancia de sus deseos, pero que permanecen pobres porque no aseguran la aceptación de la cosa que ellos quieren, cuando llega.

A través del pensamiento, la cosa que usted desea le es traída; por la acción usted la recibe.

Lo que sea que su acción deba ser, es indudable que usted debe actuar AHORA.

Usted no puede actuar en el pasado, y es fundamental para la claridad de su visión mental que usted saque el pasado de su mente.

Usted no puede actuar en el futuro, porque el porvenir no está aquí todavía, y usted no puede saber cómo pretendería actuar en cualquier eventualidad futura antes de que aquella haya llegado.

Porque usted no está en el negocio correcto, o el ambiente correcto ahora, no piense que debe prorrogar la acción hasta que usted entre en el negocio o el ambiente correctos.
Y no gaste tiempo en el presente pensando qué es lo mejor en casos de potenciales futuras urgencias; tenga fe en su capacidad para cruzarse con cualquier aprieto cuando llegue.

Si usted procede en el presente con su mente puesta en el futuro, su labor presente será hecha con una mente fraccionada, y no será eficaz.

Ponga su mente entera en la acción presente.
No dé su impulso creativo a la SUSTANCIA ORIGINAL, para luego sentarse a esperar los resultados; si hace eso, jamás los conseguirá.

Actúe ahora.

No hay otro tiempo que el ahora, y nunca habrá otro tiempo más que el ahora.

Si usted debe alguna vez disponerse para comenzar a recibir lo que quiere, usted debe empezar ahora. Y su acción, sea lo que sea, muy posiblemente debe estar en su negocio presente o en su empleo, y debe estar junto a las personas y cosas de su ambiente presente.

Usted no puede actuar donde usted no es.

Usted no puede actuar donde usted ha sido.

Usted no puede actuar donde usted va a ser.

Usted sólo puede actuar donde usted es.

No se fastidie en cuanto a si el trabajo de ayer estuvo bien hecho o mal hecho: haga perfecto el trabajo de hoy.

No trate de hacer ahora el trabajo de mañana: habrá bastante tiempo para hacerlo cuando usted se ponga a ello.

No intente, por un medio clandestino o místico, actuar sobre la gente o las cosas que están fuera de su alcance.

No espere un cambio de ambiente, previamente de que usted actúe: consiga un cambio de ambiente por la acción.

Usted puede así actuar sobre el ambiente en el que está actualmente, o hacer que sea trasladado a un mejor ambiente.

Mantenga la FE y aspire a una visión de usted en un mejor ambiente, pero actúe en su ambiente presente con todo su corazón, con toda su fuerza, y con toda su mente.

No pierda tiempo en fantasear despierto con un castillo; mantenga la visión de lo que usted desea, y actúe AHORA.

No se ponga en la exploración de alguna cosa nueva para hacer, o alguna rara, extravagante, o notable acción para hacerla andar como un primer paso hacia hacerse rico. Es posible que sus acciones, al menos por ahora, sean aquellas que usted ha venido practicando desde hace algún tiempo; pero usted está por empezar ahora a realizar estas acciones de un CIERTO MODO que, indudablemente, lo hará rico.

Si usted es empleado en algún negocio y siente que no es el beneficioso para usted, no espere hasta ingresar al negocio correcto para empezar a actuar.

No se sienta abatido, ni se arrincone a lamentarse porque usted se siente desplazado. Ningún hombre ha sido tan desplazado que no haya podido hallar el lugar justo, y ningún hombre estuvo alguna vez tan complicado en el negocio erróneo, como para no poder afiliarse en el negocio correcto.

Conserve la visión de verse a usted mismo en el negocio correcto, con el objetivo de ingresar en él, con la fe de que usted entrará en él; pero ACTÚE en su negocio actual. Use su negocio presente como el medio de obtener uno mejor, y use su presente entorno como el medio de entrar a uno mejor. Su perspectiva del negocio correcto, si se mantiene con fe y con un objetivo, causará al SUPREMO a acercar el negocio correcto hacia usted; y su acción, si está hecha de CIERTO MODO, hará que usted se mueva hacia el negocio.

Si usted es un empleado, o un asalariado, y siente que debe cambiar de lugar para lograr lo que usted quiere, no "proyecte" su pensamiento en el espacio y confíe en ello para alcanzar otro trabajo. Es muy probable que así no lo logre.

Conserve un enfoque de usted en el trabajo que usted quiere, mientras ACTÚA con la fe y el objetivo en la labor que tiene, y ciertamente conseguirá el trabajo que quiere.

Su visión y fe colocarán la fuerza creativa en movimiento para llevar eso hacia usted, y su acción producirá que las fuerzas de su propio ambiente lo muevan a usted hacia el lugar al que usted desea.

Ya en el cierre de este capítulo, añadiremos otra declaración a nuestro esquema.

Hay una MATERIA PENSADORA de lo cual todas las cosas están compuestas y que, en su estado original, impregna, penetra, y llena los interespacios del universo.
Un pensamiento en esta sustancia, PRODUCE la cosa que es imaginada por el pensamiento.

El hombre puede crear cosas en su pensamiento y, por imprimir su pensamiento sobre la SUSTANCIA SIN FORMAR, puede originar que la cosa que él piensa pueda ser creada.

Capítulo XII -Acción eficiente

USTED debe utilizar su pensamiento como se le ha descrito en los capítulos anteriores, y empezar a hacer lo que pueda, en donde usted está; y usted debe hacer TODO lo que puede hacer *donde usted está.*

Usted puede prosperar sólo si es más grande que su actual lugar; y ningún hombre es más grande que su lugar actual si deja sin hacer cualquier labor que pertenezca a ese lugar. El mundo avanza sólo por medio de los que mejor utilizan sus sitios actuales. Si ningún hombre ocupara al máximo su presente lugar, puede darse cuenta de que habría un recorrido hacia atrás en todo.

Los que no usan de lleno sus sitios actuales son un peso muerto para la sociedad, el gobierno, el negocio, y la industria; y ellos deben ser llevados por otros con un gran costo.

El perfeccionamiento del mundo se pospone sólo por los que no *llenan* favorablemente los sitios a los que ellos corresponden; atañen a una edad anterior y una etapa menor en el nivel de la vida, y su predisposición va hacia la decadencia. Ninguna sociedad podría avanzar si cada hombre fuera más pequeño que su lugar; el adelanto social está dirigido según la ley de la evolución física y mental.

En el mundo animal, la evolución está causada por el exceso de vida.

Cuando un organismo tiene más vida de la que puede ser

formulada en las funciones de su propio nivel, despliega los órganos de un nivel más alto, y una nueva especie es originada. Nunca hubiera vivido una nueva especie, si no hubiera habido organismos que excedieran el espacio de sus sitios. La ley es exactamente igual para usted; hacerse rico depende de su utilización de ese principio a sus propios asuntos.

Cada día puede ser cualquiera de dos cosas: un día triunfante o un día de frustraciones; y son los días triunfantes los que le consiguen lo que usted quiere.

Si cada día es un fracaso, usted jamás podrá enriquecerse; mientras que, si cada día es un éxito, usted no puede dejar de enriquecerse.

Si hay alguna cosa que puede crearse hoy y usted no la hace, usted ha fallado en lo que a esa cosa atañe; y las consecuencias pueden ser más funestas de lo que usted se imagina.

Usted no puede predecir los resultados de un acto, por más insignificante que le parezca; usted no conoce el trabajo de todas las fuerzas que han sido puestas en movimiento en su nombre. Mucho es lo que puede depender de un acto sencillo; puede ser exactamente lo que requiera para que se abra la puerta de la oportunidad a muy grandes sucesos.

Usted no puede conocer todas las combinaciones que la INTELIGENCIA SUPREMA puede llevar a cabo para usted en el mundo de las cosas y de los contenidos humanos; su negligencia o frustración para hacer alguna pequeña cosa pueden originar una larga tardanza en la ganancia de lo que usted quiere.

Haga, cada día, TODO lo que pueda ser hecho ese día.

Existe, sin embargo, una restricción o exigencia de lo anterior que usted debe tener en cuenta.

Usted no debe trabajar excesivamente, ni apurarse a ciegas en su negocio en el esfuerzo de hacer la mayor suma de cosas en el menor tiempo posible.

Usted no debe tratar de hacer hoy el trabajo de mañana, ni hacer el trabajo de una semana en un día.

No es verdaderamente la cantidad de cosas que usted hace, sino la EFICACIA de cada acción por separado la que cuenta.

Cada acto puede ser, en sí mismo, un triunfo o una frustración.

Cada acto puede ser, en sí mismo, eficaz o ineficaz.

Cada acto ineficaz es un fracaso, y si usted pasa su vida realizando actos ineficaces, su vida entera será un fracaso.

Si todos sus actos son ineficaces, cuantas más cosas haga serán peor para usted.

Pero por otra parte, cada acto eficiente es un éxito en sí mismo, y si cada acto de su vida es eficiente, su vida entera DEBE SER un éxito.

La raíz del fracaso es hacer muchas cosas de una manera ineficaz, y no hacer bastantes cosas de una manera eficiente.

Usted verá que esto es una proposición evidente: si usted no hace ningún acto ineficaz, y realiza un número apto de actos eficientes, usted se hará rico. Ahora, si es posible para usted hacer que cada acto suyo sea eficiente, usted evidenciará una vez más que la ganancia de la riqueza está reducida a una ciencia exacta, como las matemáticas.

El asunto habita, entonces, en preguntarse si usted puede hacer de cada acto por separado un éxito en sí mismo. Y eso es algo que usted a ciencia cierta puede hacer.

Usted puede hacer que cada acto sea un éxito, porque TODO el poder está trabajando con usted; y TODO el poder no puede fracasar.

El PODER está a su servicio; y para hacer que cada acto suyo sea eficaz usted sólo tiene que poner el poder en ello.

Cada trabajo puede ser fuerte o débil; y cuando cada uno es fuerte, usted actúa de ese CIERTO MODO que lo hará rico.

Cada trabajo puede ser fuerte y eficiente conservando su imagen mientras usted lo hace, y poniendo el poder entero de su FE Y OBJETIVO en ello.

Es en este punto donde la gente se equivoca, pues aleja el poder mental de la acción personal. Ellos utilizan el poder de la mente en un lugar y en un tiempo, pero proceden en otro ritmo y en otro tiempo. Entonces sus actos no son exitosos; muchos de ellos son inútiles. Pero si TODO el PODER ingresa en cada acto, no importa cuán habitual o común sea, cada acto será un éxito en sí mismo; y como en la naturaleza de las cosas cada éxito abre el camino a otros éxitos, su adelanto hacia lo que usted quiere, y el avance de lo que usted desea hacia usted, se hará cada vez más rápido.

Recuerde que la acción atinada es acumulativa en sus

resultados.

Como el deseo de más vida es propio de todas las cosas, cuando un hombre empieza a moverse hacia una vida más grande más cosas se juntan, y la influencia de su deseo es multiplicada.

Haga, cada día, todo lo que usted consigue hacer ese día, y realice cada acto de una manera eficiente.

Cuando le dije que usted debe conservar su visión mientras realiza cada acto, aunque sea trivial o banal, no significa que es obligatorio ver en todo momento la visión clara y con todos sus pormenores, hasta los más pequeños. Ese debería ser un trabajo para sus momentos de ocio, durante las horas en las que pueda utilizar su imaginación recreando los complementos de su visión, y observarlos antes de que ellos sean fijados firmemente en su memoria.

Si usted quiere resultados rápidos, pase habitualmente todo su tiempo libre en esa práctica.

Por medio de una contemplación continua, usted atraerá la imagen de lo que usted desea, hasta en los detalles más pequeños, tan sólidamente en su mente, y tan completamente transferida a la mente de la SUSTANCIA SIN FORMAR, que en las horas en las que esté efectuando su trabajo, usted tendrá que referirse sólo mentalmente a la imagen para incitar su FE y OBJETIVO, y hacer que su mejor esfuerzo se ponga en marcha. Observe la imagen en sus horas de ocio hasta que su comprensión esté tan impregnada de esa visión, que usted pueda distinguirla al instante.

Usted se sentirá tan apasionado con esa brillante promesa,

que el mero hecho de pensarla provocará las más fuertes energías de todo su ser.

Vamos a repetir de nuevo nuestro esbozo y, cambiando ligeramente las declaraciones de cierre, llegaremos al punto que ahora hemos logrado.

Hay una MATERIA PENSADORA de lo cual todas las cosas están compuestas y que, en su estado original, impregna, penetra, y llena los interespacios del universo.

Un pensamiento, en esta SUSTANCIA, PRODUCE la cosa que es imaginada por el pensamiento.

El hombre puede crear cosas en su pensamiento y, por imprimir su pensamiento sobre la SUSTANCIA SIN FORMAR, puede ocasionar que la cosa que él piensa pueda ser creada.

Para hacer esto, el hombre debe pasar de lo competitivo a la mente creativa; él debe formar una clara imagen mental de las cosas que él desea, y hacer, con FE y un OBJETIVO, todo lo que puede ser hecho cada día, haciendo cada cosa, por separado, de la forma más eficiente posible.

Capítulo XIII -Entrando en el negocio correcto

El ÉXITO, en cualquier negocio, depende en primer lugar de que usted tenga un bien desenvuelto estado de las facultades solicitadas para ese negocio. Sin una buena facultad musical nadie puede tener éxito como maestro de música; sin unas bien desarrolladas facultades mecánicas nadie puede conseguir el éxito en ninguna de las profesiones que se dediquen a la mecánica; sin tacto y facultades comerciales, nadie puede tener éxito en investigaciones mercantiles. Pero, el sólo hecho de tener las facultades requeridas en un buen estado de desarrollo en su capacidad particular, no le aseguran que pueda enriquecerse.

Hay músicos que poseen un talento notable, y que aún son pobres; hay herreros, carpinteros, etcétera que tienen excelentes capacidades mecánicas, pero que no se enriquecen; y hay comerciantes con buenas facultades para lidiar con los hombres que, sin embargo, fracasan.

Las diferentes facultades son herramientas; es esencial tener buenas herramientas, pero también es fundamental que los instrumentos sean utilizados del MODO CORRECTO. Un hombre puede tomar una buena ilustración, un buen plano, etcétera, y construir un lindo mueble; otro hombre puede tomar los mismos instrumentos y ponerse a trabajar para hacer ese mismo artículo, pero su fabricación será una pifia. Él no sabe cómo utilizar los buenos instrumentos de un MODO CORRECTO.

Las diferentes facultades de su mente son los elementos con

los que usted debe realizar el trabajo que lo hará rico; será más sencillo para usted tener éxito si entra en un negocio para el que usted está bien proveído con instrumentos mentales.

Por lo general, usted realizará las cosas mejor en ese negocio en el que usará sus mejores facultades; porque es para el cual usted está habituado a medida. Pero hay restricciones también para esta declaración. Ningún hombre debería reflexionar su vocación como irremediablemente inamovible, sellada por las tendencias con las que él nació.

Usted puede enriquecerse en CUALQUIER negocio, ya que si no tiene la aptitud para hacerlo, puede desplegar ese talento; esto, simplemente, quiere decir que usted tendrá que ir haciendo sus instrumentos a medida que avanza, en vez de limitarse al empleo de aquellos con los que usted ha nacido. Será MÁS FÁCIL para usted tener éxito en una vocación para la que usted ya tiene las capacidades en un estado bien desarrollado; pero usted PUEDE tener éxito en cualquier vocación, ya que puede desarrollar cualquier talento primario, y no hay ningún talento del cual usted no tenga, al menos, el inicio.

Usted se enriquecerá más fácilmente, si realiza aquello para lo cual usted fue hecho a medida; pero usted se enriquecerá más satisfactoriamente si hace aquello que usted QUIERE realizar.

Hacer lo que usted desea hacer es vida; y no hay ninguna dicha verdadera en la vida si nos exigen hacer para siempre aquello que no nos gusta hacer, y nunca podemos hacer lo que deseamos hacer.

Y es seguro que usted puede crear lo que quiere crear; el

deseo de hacerlo es la prueba de que usted lleva dentro el poder que *puede* hacerlo.

El deseo es una expresión de poder.

El deseo de ejecutar música es el poder de saber que puede ejecutar música indagando en la expresión y el perfeccionamiento; el deseo de inventar dispositivos mecánicos es el talento mecánico en la búsqueda de la expresión y el avance.

Donde no existe ningún poder, así sea desarrollado o sin desarrollar, para formar una cosa, no hay nunca ningún deseo de hacer aquella cosa; y donde está el fuerte deseo de hacer una cosa, esto experimentado con certeza que el poder de hacerlo es fuerte, y sólo necesita ser desplegado y aplicado del MODO CORRECTO.

Entre todas las cosas más o menos iguales, lo mejor es elegir el negocio para el que usted tiene el mejor talento desarrollado; pero si usted tiene un deseo fuerte de llegar a cualquier línea específica de trabajo, debería seleccionar aquel trabajo como el final último al que usted apunta y desea.

Usted puede hacer lo que desea hacer, y es su derecho y libertad seguir el negocio o la vocación que sea la más atractiva y agradable.

Usted no está impuesto a hacer lo que a usted no le gusta, y no debe hacerlo, *excepto como el medio para conseguir hacer lo que usted quiere hacer.*

Si hay faltas en el pasado que lo hayan llevado a estar en un negocio o ambiente indeseable, usted puede estar obligado durante un tiempo a realizar lo que no le gusta hacer; pero usted puede hacer de ello algo atractivo, sabiendo que eso es lo que hace viable que usted se vaya acercando a hacer lo que quiere hacer.

Si usted siente que no está en el lugar adecuado, no actúe demasiado rápido en la tentativa por ingresar en otro. El mejor el camino, habitualmente, para cambiar el negocio o el ambiente es el del desarrollo. No tenga miedo de hacer un cambio imprevisto y radical si la oportunidad se le presenta y usted siente, después de una metódica consideración, que es la ocasión correcta; pero nunca tome una decisión súbita o tajante cuando usted tenga dudas en cuanto al sentido común de realizarlo.

Nunca hay ningún apuro en el nivel creativo; y no hay insuficiencia de oportunidades.

Cuando usted sale del pensamiento competitivo, comprende que nunca debe actuar a toda prisa. Nadie más va a prohibirle lo que usted quiere hacer; hay bastante para todos. Si un espacio es tomado, otro aún mejor será accesible para usted un poco más adelante; hay mucho tiempo. Cuando usted esté en la duda, espere. Eche mano a la admiración de su visión, y aumente su FE y su OBJETIVO; y, cueste lo que cueste, en los instantes de duda y de incertidumbre, cultive la GRATITUD.

Un día o dos utilizados en la contemplación de la imagen de lo que usted desea, y una sincera acción de gracias porque usted lo logrará, llevará su mente a una relación tan cercana con el Dios que usted no se equivocará cuando deba actuar.
Hay una MENTE que sabe todo lo que hay que saber; y usted puede estar en una cercana unidad con esa mente por medio de la FE y el OBJETIVO claro de progresar en la vida, si tiene

una insondable GRATITUD.

Los deslices vienen de actuar a toda prisa, o de actuar con miedo, con duda, o en el descuido del MOTIVO CORRECTO, que es: *más vida a todos, y menos a ninguno.*

A medida que usted se vaya moviendo de un CIERTO MODO, las oportunidades le llegarán en número progresivo; usted tendrá que estar muy estable en su FE y OBJETIVO, y conservarse en contacto cercano con la MENTE SUPREMA por medio de una GRATITUD respetuosa.

Haga todo lo que usted puede hacer de una forma perfecta cada día, pero hágalo sin apuro, inquietud, o temor. Vaya tan rápido como usted pueda, pero nunca se acelere. Recuerde que en el momento en que usted empieza a apresurarse, deja de ser un creador para convertirse en un competidor; usted cae de nuevo al viejo nivel.

Siempre que usted se halle apurado, haga un alto; fije su atención en la imagen mental de la cosa la que usted desea, y empiece a dar a gracias porque lo está logrando.

El ejercicio de la GRATITUD nunca fracasará para reforzar su FE y renovar su OBJETIVO.

Capítulo XIV -La impresión de crecer

TANTO si usted cambia su vocación o no, sus acciones por ahora deben ser aquellas que conciernan al negocio en el que usted está actualmente contratado.

Usted puede ingresar al negocio que quiere, usando de manera provechosa el negocio en el que ya está establecido, por el hecho de hacer su trabajo diario de un CIERTO MODO.

Y, en la medida en que su negocio reside en su relación con otros hombres –personalmente o por carta– el pensamiento clave de todas sus energías debe ser para transportar a sus mentes la impresión de crecimiento.

CRECER es lo que todos los hombres y todas las mujeres buscan; eso es el impulso de la INTELIGENCIA SIN FORMAR dentro de ellos, indagando en la expresión más completa. El deseo de crecer es innato a toda naturaleza; es el impulso principal del universo. Todas las actividades humanas están fundadas en el deseo de CRECER; la gente busca más comida, más ropa, se abriga mejor, busca más de lujo, más hermosura, más conocimiento, más goce... CRECER en algo... más vida.

Cada ser vivo está bajo esta necesidad del progreso continuo; *donde el crecimiento de la vida se paraliza, se asientan la disolución y la muerte.*

El hombre lo sabe automáticamente, y por eso él siempre

busca más.

El deseo normal de aumentar la riqueza no es algo diabólico ni una cosa reprochable; es simplemente el deseo de una vida más cuantiosa; esa es la pretensión.

Y porque esto es el sentido más profundo de su naturaleza, todos los hombres y las mujeres son proclives hacia quien puede darles un mejor medio de vida.

Siguiendo el CIERTO MODO como fue explicado en las páginas anteriores, usted consigue un crecimiento continuo para usted, y para darlo a todos los que están con usted. Usted es un eje creativo, desde donde el crecimiento es formulado a todos.

Esté seguro de esto, y transfiera la garantía del hecho a cada hombre, mujer, y niño con quien usted tenga relación. No importa cuán pequeña sea la transacción, aunque sea sólo la comercialización de una golosina de bastón dulce a un pequeño niño, ponga la idea del crecimiento, y asegúrese de que el cliente quede conmovido con ese pensamiento.

Transfiera la impresión de prosperar en todo lo que usted haga, para que toda la gente reciba la impresión de que usted es un HOMBRE QUE AVANZA, y que hace progresar a todos los que tratan con usted. Hasta a la gente con quien usted se topa socialmente, sin ningún negocio de por medio, y a quien usted no trata venderle nada, manifiéstele la idea del crecimiento. Usted puede transmitir esa impresión conservando firme la FE de que usted, usted mismo, está en el CAMINO DEL CRECIMIENTO; y dejando que esa FE inspire, llene, e impregne cada acción.

Haga todo lo que hace con la firme ideología de que usted es una personalidad que progresa, y que usted le da avance a cada uno de los demás.

Sienta que usted se está haciendo rico, y que así usted podrá hacer ricos a otros, y darles ventajas a todos.

No se alabe ni presuma de su éxito, tampoco hable de ello innecesariamente; la verdadera fe nunca es presumida.

Donde halle a una persona presumida, usted encontrará a alguien que está secretamente indeciso y con temor.

Simplemente sienta la FE, y déjela trabajar en cada decisión; deje los detalles y mire con la serena calma de que usted se enriquece; que usted YA ES RICO.

Las palabras no serán precisadas para comunicar este sentimiento a los otros; ellos tendrán la impresión de crecimiento cuando estén en su presencia, y serán atraídos hacia usted otra vez.

Usted debe emocionar a los otros de manera que ellos sientan que, en asociación con usted, conseguirán CRECER. Usted les está dando un *valor de uso* más grande que el valor en efectivo que usted saca de ellos.

Manifieste un orgullo honorable por hacer esto, deje que cada uno lo sepa, y usted no tendrá ninguna falta de clientes. La gente irá a donde reciban aumento; y Dios, que desea el crecimiento total, y que todo lo sabe, moverá hacia usted a los hombres y mujeres que nunca han escuchado de usted. Su negocio crecerá ágilmente, y usted será impresionado ante los inesperados bienes que le llegarán.

Usted será capaz, día a día, de alcanzar alianzas más grandes, afirmar ventajas más importantes, y avanzar hacia una aptitud más agradable si así lo desea.

Pero, mientras realiza todo esto, nunca debe perder de vista la IMAGEN de lo que usted desea, su FE y el OBJETIVO de alcanzar lo que usted quiere.

Déjeme suministrarle aquí otra palabra de cautela con respecto a ciertos motivos.

Tenga cuidado con la pérfida tentación de buscar el poder sobre otros hombres.

Nada es tan atractivo a las mentes parcialmente desarrolladas y con mala formación, como el ejercicio del poder o la superioridad sobre los demás.

El deseo de regir para obtener una complacencia egoísta ha sido la maldición del mundo.

Durante innumerables años, los reyes y los señores han empapado la tierra con sangre en guerras que buscaban extender sus dominios; y no para buscar más vida para todos, sino para alcanzar más poder para ellos.

Hoy, el impulso principal en el mundo industrial y el de los negocios es el mismo; los hombres establecen sus ejércitos de dólares, derrochan las vidas y los corazones de millones y se pelean con la misma loca perturbación, por el poder sobre los otros. Los reyes comerciales, como los reyes políticos, están iluminados por la lujuria del poder.

Escape a la tentación de indagar en la autoridad, para hacerse “un amo”, para ser respetado como alguien que está por encima del pueblo, e impresionar a otros con una evidencia de abundancia, etcétera.

La mente que inquiere el dominio sobre los otros es una mente competitiva; y la mente competitiva no es la creativa. Para dominar su ambiente y su destino, no es necesario que usted rija sobre su prójimo y, de verdad, cuando usted entra en la disputa del mundo por los sitios más elevados, usted empieza a ser conquistado por el destino y el ambiente, y su idea de hacerse rico se hace un asunto de contingencia y de especulación.

¡¡Tenga cuidado de la mente competitiva!!

No puede ser expresada ninguna mejor declaración del principio de acción creativa, que la expresión favorita de la antigua “Regla de oro” Jones de Toledo: *Lo que quiero para mí, lo quiero para cada uno.*

Capítulo XV -El hombre que avanza

TODO lo que he dicho en el capítulo anterior se emplea tanto para el hombre profesional o el asalariado, como para el hombre que es contratado para el comercio. No importa si usted es un médico, un profesor, o un sacerdote, si usted puede dar un aumento a la vida de los otros y hacerlos sensibles al hecho, ellos se sentirán fascinados, y usted se enriquecerá.

El médico que mantenga la visión de él como un sanador grande y triunfante y que trabaje hacia la ejecución completa de aquella visión con la fe y el propósito, como hemos visto en los capítulos anteriores, ingresará en un contacto tan cercano con la FUENTE DE VIDA que él será colosalmente exitoso y los pacientes llegarán a él a montones.

Nadie tiene una oportunidad más grande de llevar a todos la sabiduría de este libro, más que el profesional de la medicina; no importa a cuál academia pertenezca, el principio de salud es común a todos ellos, y puede ser logrado por todos. El HOMBRE QUE AVANZA en la medicina, que cumple con una imagen mental clara de él como aventajado, y que obedece las leyes de la FE, el OBJETIVO, y la GRATITUD, sanará cada caso curable que ante él se presente, sin importar qué medicinas pueda usar.

En el campo de la religión, el mundo pide a gritos un sacerdote que pueda instruir a sus seguidores la verdadera ciencia de la vida abundante. Aquel que domine los pormenores de la ciencia de hacerse rico junto con las ciencias aliadas de estar bien, de ser excelso, y de ganar el amor, y que eduque todo esto desde el púlpito, nunca le faltará una comunidad. Este es el dogma que el mundo necesita; brindará un aumento de vida, los hombres lo escucharán con alegría, y le darán apoyo al hombre que se los conceda.

Lo que ahora se necesita es una evidencia de la ciencia de la vida desde el estrado. Queremos oradores que no sólo puedan decirnos *cómo,* sino que nos demuestren en sus propias personas *cómo.*

Necesitamos a un predicador que sea rico, saludable, grande, y amado, para que nos eduque cómo lograr esas cosas; y cuando él venga, encontrará muchos y nobles seguidores.

Lo mismo se puede decir del educador que pueda inculcar a los niños con la FE y el OBJETIVO de la vida que prospera. Él nunca estará sin trabajo. Y cualquier profesor que tenga esa FE y OBJETIVO puede proporcionarlo a sus alumnos; él no puede menos que dárselo si eso es pieza de su propia vida y práctica.

Lo que es verdadero para el pedagogo, el predicador y el médico, también es verdadero para el abogado, el dentista, el hombre de una inmobiliaria, el agente de seguros... para todos y cada uno.

La acción armonizada mental y personal que he descrito es garantizada; esto no puede fracasar. Cada hombre y mujer que siga estas explicaciones regularmente, con firmeza, y al pie de la letra, se enriquecerá.

La ley del ENGRANDECIMIENTO DE LA VIDA es tan matemáticamente segura como la ley de gravitación; hacerse rico es una ciencia exacta.

El asalariado hallará esto tan verdadero en su caso, como

cada uno de los otros citados. No sienta que usted no tiene ninguna posibilidad para hacerse rico porque trabaja donde no hay ninguna ocasión visible para mejorar, donde los salarios son pequeños y el coste de vida alto. Constitúyase una clara visión mental de lo que usted aspira, y comience a actuar con FE y un OBJETIVO.

Haga todo el trabajo que usted puede hacer cada día, y haga cada trabajo de una forma pulcra; ponga el poder del éxito, y el objetivo de enriquecerse, en cada cosa que usted haga.
Pero no realice esto puramente con la idea de ganar el favor de su patrón, con la expectativa de que él, o los que están encima de usted, noten su buen trabajo y lo hagan progresar; es poco probable que ellos lo hagan.

El hombre que es meramente un buen trabajador, ocupa su lugar con lo mejor de su capacidad, y está orgulloso, es de mucho valor para su jefe; y no está dentro del interés del jefe promoverlo; porque para el jefe él es más valioso donde está.

Para afirmar el avance, es preciso algo más que *ser demasiado grande* para su lugar. *El hombre que está convencido de prosperar es el que es demasiado grande para su lugar, tiene un conocimiento claro de lo que él quiere ser; el que sabe que él logra ser lo que él quiera ser y que está establecido a ser lo que él quiere ser.*

No intente más dominar su lugar presente con la idea de que complace a su jefe; hágalo con la idea de que prospera usted mismo. Sostenga la fe y el objetivo del crecimiento durante las horas de trabajo, después de las horas de trabajo, y antes de las horas de trabajo.

Consérvela de tal manera que cada persona con quien se relacione, ya sea el encargado, el trabajador colega, o cualquier conocido, sienta el poder de su objetivo difundir desde usted; para que cada uno tome el sentido del avance y el incremento desde usted. Los hombres se sentirán atraídos y, si no hay ninguna posibilidad para el avance en su trabajo actual, usted verá que obtendrá muy pronto la oportunidad de tomar otro trabajo.

Hay un PODER que nunca falla para exhibir la oportunidad al HOMBRE QUE AVANZA y que se mueve con el acatamiento hacia la ley.

Dios no puede menos que ayudarlo, si usted procede de un CIERTO MODO; Él debe hacer eso para ayudarse a Sí mismo.

No hay nada en sus casos o en la situación industrial que pueda acobardarlo. Si usted no puede enriquecerse trabajando con quien le tiene una confianza de acero, usted puede enriquecerse en una estancia de diez acres; y si usted empieza a moverse de un CIERTO MODO, seguramente se escapará de "los engranajes" de la confianza de acero y hará adelantos en la granja o en cualquier parte donde usted quiera estar.

Si miles de sus empleados fueran por ese CIERTO CAMINO, los patrones que dan una confianza de acero pronto estarían en una circunstancia grave; deberían darles más oportunidades a sus hombres de trabajo, o marcharse del negocio. Nadie tiene que trabajar sólo por la confianza; las confianzas pueden conservar a los hombres en condiciones aparentemente desesperadas sólo mientras hay los hombres que son demasiado ignorantes para estar instruidos de la ciencia de hacerse rico, o demasiado holgazanes intelectualmente como para practicarla.

Inicie este modo de pensar y descifrar, y tanto su FE como el OBJETIVO le harán ver muy rápido alguna oportunidad para mejorar su condición.
Tales oportunidades vendrán raudamente, porque Dios, que

trabaja en TODO, y trabaja para usted, las colocará delante de usted.

No espere la oportunidad de ser todo lo que usted desea ser; cuando una oportunidad de ser más de lo que usted es actualmente se le presente y usted se sienta incitado a ella, tómela. Eso será el primer paso hacia una oportunidad más grande aún.

No existe algo como la falta de ocasiones para el hombre que vive su vida avanzando.

Eso es innato en la naturaleza del cosmos: todas las cosas serán para él y trabajarán juntas para su bien; y él probablemente se enriquecerá si interpreta y piensa de un CIERTO MODO.

Así que deje que los hombres y a las mujeres que ganan un sueldo estudien este libro con mucho cuidado, y entren con confianza en el curso de operación que el libro prescribe; esto no fallará.

Capítulo XVI -Algunas precauciones y conclusiones finales

MUCHAS personas se reirán de la idea de que hay una ciencia exacta para hacerse rico; manteniendo la opinión de que el suministro de riqueza es limitado, ellos insistirán diciendo que las fundaciones sociales y gubernamentales deben ser cambiadas antes de que cualquier número de personas pueda obtener una capacidad. Pero eso no es efectivo.

Es verdadero que los gobiernos existentes conservan a la masa en la pobreza, y que esto es porque la masa no piensa y actúa de un CIERTO MODO.

Si la masa empieza a avanzar como se ha propuesto en este libro, ni los gobiernos, ni los sistemas industriales podrán aplacarlos; todos los sistemas deberán ser reformados para acomodar el movimiento de avance.

Si la gente posee una MENTE QUE AVANZA, tiene FE en que ellos puedan hacerse ricos, y avanzan con el OBJETIVO fijo de hacerse ricos, nada podrá conservarlos en la pobreza.

Los individuos pueden entrar en el CIERTO CAMINO en cualquier minuto, y bajo cualquier gobierno, y hacerse ricos; y cuando un número considerable de sujetos haga algo así bajo cualquier gobierno, ellos harán que el método sea reformado para abrir el camino para otros.

Cuantos más hombres se enriquezcan dentro del nivel competitivo, será peor para los otros; cuantos más se enriquezcan dentro del nivel creativo, será mejor para otros.

La protección económica de las masas sólo puede ser alcanzada consiguiendo un gran número de personas para ejercer el método científico de este libro, y hacerse rica.
Esto expondrá a otros el camino, y los inspirarán con un deseo de vida verdadera, con la fe en que esto pueda ser adquirido, y con el intento de lograrlo.

Por ahora, sin embargo, es bastante con saber que ni el gobierno bajo el que usted vive, ni el sistema capitalista o competitivo de la industria puede imposibilitarle hacerse rico. Cuando usted entre al nivel creativo de pensamiento, usted excederá todas esas cosas y será un habitante de otro reino.

Pero recuerde que su pensamiento debe conservarse dentro del *nivel creativo*; usted nunca, ni por un momento debe dejarse falsear por los que le digan que el abastecimiento es limitado, o por los que pretenden que usted actúe en un nivel moral de competencia.

Cada vez que usted caiga en los viejos caminos del pensamiento, corríjase al minuto; ya que cuando usted está con la mente competitiva, derrocha la cooperación de la MENTE DEL TODO.

No pierda nada de tiempo en la organización de cómo haría si se encontrara con casos de posibles urgencias en el futuro, excepto lo preciso que pueda afectar sus acciones hoy.
Usted está intranquilo con hacer el trabajo de hoy en una forma perfectamente acertada, y no con los casos de urgencia que pueden surgir mañana; usted podrá atenderlos cuando ellos lleguen.

No se enrede con preguntas en cuanto a cómo superará usted los problemas que puedan salir en su horizonte de negocios, a no ser que pueda ver manifiestamente que su curso debe ser cambiado hoy para evitarlos.

No importa cómo pueda parecer de formidable un obstáculo a la distancia, usted encontrará que si continúa procediendo de un CIERTO MODO se esfumará a medida que usted se acerca a ello, o que un camino o rodeo aparecerá alrededor de ello.

Ninguna mezcla posible de sucesos puede derrotar a un hombre o una mujer que se propone enriquecerse a través de caminos estrechamente científicos. Ningún hombre o mujer que obedece la ley puede lograr no enriquecerse; nadie puede multiplicar dos por dos sin conseguir tener un cuatro. No derroche ningún pensamiento de desazón por las posibles catástrofes, dificultades, miedos, o la composición de circunstancias desfavorables; habrá tiempo suficiente para hallar tales cosas cuando ellas solas se le presentan delante, y usted encuentre que cada aprieto lleva con ella la solución para superarlas.

Resguarde su discurso. Nunca hable de usted mismo, de sus cuestiones, o de algo más de un modo desalentado o desalentador.

Nunca acepte la posibilidad de fracaso, o hable en una manera que derive el fracaso como una posibilidad.
Nunca hable de las veces en que todo fue difícil, o de circunstancias de negocio dudosas.

Los tiempos pueden ser difíciles y los negocios dudosos para aquellos que están en el nivel competitivo, pero nunca puede ser así para usted; usted puede crear lo que usted desee, *y usted está por encima del temor.*

Cuando otros tienen tiempos duros y pobres negocios, usted encontrará sus más magnas ocasiones.

Entrénese para pensar y reflexionar el mundo como algo que se está haciendo, que está progresando; y considerar lo que parece que está mal sólo como algo que está sin terminar de desplegarse.

Hable siempre en términos del desarrollo; no hacerlo es negar su fe, y negar su fe significa perderla.

Nunca se permita sentirse desencantado; usted puede esperar tener una establecida cosa en un cierto tiempo, y no lograrlo cuando estaba previsto, y esto le parecerá un desengaño.

Pero si usted cumple con su FE, encontrará que el fracaso es sólo ilusorio.

Siga actuando de un CIERTO MODO, y si no recibe aquella cosa, usted recogerá algo tanto mejor que se dará cuenta que, lo que parecía un desengaño, es realmente un gran éxito.

Un estudiante de esta ciencia había puesto su mente en la concreción de una cierta habilidad de negocios que le pareció muy deseable en ese instante, y él trabajó durante varias semanas para lograrla. Cuando llegó el momento concluyente, todo fracasó de un modo completamente enigmático; era como si alguna invisible autoridad hubiera trabajado en secreto contra él.

Él no se sintió desencantado; por el contrario, agradeció a Dios que su deseo hubiera sido nulo, y se mantuvo con un pensamiento agradecido.

En unas pocas semanas, una oportunidad mucho mejor pero que él no había visto en el primer contacto con ninguna cuenta, se cruzó en su camino; y él se dio cuenta que una MENTE –que sabía más de lo que él sabía– le había impedido perder el mayor beneficio embrollándose con el menor.

Esta es la manera en la que cada acto que parece un fiasco se resolverá para usted, si mantiene su FE, cumple con su OBJETIVO, tiene GRATITUD y hace, cada día, todo lo que pueda ser hecho ese día, realizando cada acto por separado de una forma exitosa.

Cuando usted tiene un desengaño, es porque no ha indagado lo suficiente; siga, y una cosa más importante de la que usted buscaba probablemente le llegará.

Recuerde esto. Usted no fracasará porque carece del talento necesario para hacer lo que usted desea hacer. Si sigue como le he indicado, usted desarrollará todo el talento que es necesario para la ejecución de su trabajo.

No disponemos de la amplitud suficiente en este libro para ocuparnos de la ciencia de cultivar el talento; pero esto es tan seguro y simple como el paso de hacerse rico.

Sin embargo, no titubee o dude por miedo cuando usted vaya a cualquier lugar en el que usted pueda fracasar por falta de capacidad; consérvese firme, y cuando usted llegue a ese lugar, la capacidad le será concedida. La misma fuente de CAPACIDAD que le permitió a Lincoln hacer el trabajo más grande en el gobierno para el que alguna vez fue conferido un hombre, se abrirá para usted; usted puede atraer todas las contingencias que hay en la sabiduría, y usarlas para solucionar los compromisos que son puestas sobre usted.

Siga lleno de FE.

Estudie este libro. Hágalo su compañero firme hasta que usted haya dominado todas las ideas que contiene. Mientras se va fundando y afirmando en esta FE, usted haría bien en dejar la mayor parte de las recreaciones y el placer, estar lejos de sitios donde las ideas van en discrepancia con este

libro y están originadas en conferencias o sermones.
No lea la literatura triste o combativa, ni entre en discusiones sobre el asunto.

Haga muy poca lectura, fuera de los escritores citados en el Prefacio.

Pase la mayor parte de su tiempo libre en la admiración de su visión, cultivando la GRATITUD, y en la lectura de este libro.

Él tiene todo lo que usted debe conocer de la ciencia de hacerse rico.

Usted encontrará todos los conceptos fundamentales resumidos en el capítulo siguiente.

Capítulo XVII -Sumario de

“La ciencia de hacerse rico”

Hay una MATERIA PENSADORA de la cual todas las cosas son compuestas y que, en su estado original, impregna, penetra, y llena los interespacios del universo. En esta SUSTANCIA, un PENSAMIENTO produce la cosa que es imaginada por ese pensamiento. El hombre puede crear cosas en su pensamiento, y si impregna con su pensamiento a la SUSTANCIA SIN FORMAR, puede originar la cosa que él piensa debe ser creada.

Para hacer esto, el hombre debe pasar de lo competitivo a la mente creativa; de otra forma, él no puede estar en armonía con la INTELIGENCIA SIN FORMAR, que es siempre creativa y nunca de espíritu competitivo.

El hombre puede entrar en una plena fraternidad con la SUSTANCIA SIN FORMAR teniendo una GRATITUD viva y sincera para las bendiciones que esto le confiere. La gratitud junta la mente de hombre con la INTELIGENCIA DE LA SUSTANCIA, para que los PENSAMIENTOS del hombre sean recibidos por la SUSTANCIA SIN FORMAR. El hombre puede subsistir en el nivel creativo sólo uniéndose con la INTELIGENCIA SIN FORMAR por medio de un sentimiento hondo y continuo de gratitud.

El hombre debe formarse una imagen mental clara y concreta de las cosas que él quiere tener, realizar, o convertirse; y él debe conservar esta imagen mental en sus pensamientos, estando intensamente agradecido a Dios porque le otorgará todos sus deseos.

El hombre que desea enriquecerse debe pasar sus horas de ocio en la contemplación de su VISIÓN, y en una prudente acción de gracias por lo que adopta en la realidad.

Nunca es excesiva la importancia que se pone en la admiración frecuente de la IMAGEN mental, acoplada con la FE firme y la GRATITUD devota.

Esto es el sumario por el que se IMPRIME E IMPREGNA la imagen en la SUSTANCIA SIN FORMAR, y las fuerzas creativas se ponen en movimiento.

La energía creativa trabaja por los conductos establecidos de su crecimiento natural, y del mandato industrial y social. Todo lo que es contenido en su imagen mental seguramente le llegará al hombre que siga las explicaciones dadas, y cuya fe no oscile.

Lo que él desea le llegará por los caminos del comercio establecido. Para recibir lo suyo cuando esto le llegue, el hombre debe ser dinámico; y este dinamismo sólo puede consistir en cubrir considerablemente su lugar actual.

Él debe conservar en su mente el OBJETIVO de enriquecerse a través de la ejecución de su imagen mental. Y él debe hacer, cada día, todo lo que puede ser realizado ese día, teniendo cuidado de hacer cada cosa de una forma correcta.

Él debe dar a cada hombre un valor de uso superior al valor en efectivo que él recibe, para que cada transacción origine más vida; y él debe cuidar el PENSAMIENTO DE AVANCE, para que la impresión de CRECIMIENTO sea comunicada a todos los que están en relación con él.

Los hombres y las mujeres que ejerzan las instrucciones anteriores seguramente se enriquecerán; y la riqueza que ellos reciban estará en simetría exacta con el carácter concluyente de su visión, la fijación de su objetivo, la perseverancia de su fe, y la profundidad de su gratitud.

Te Recomendamos

Piense y Hágase rico (Think and Grow Rich) by Napoleon Hil

Piense y Hágase rico (Think and Grow Rich) by Napoleon Hill and (Audio CD) - MP3 Audio

Como un Hombre Piensa Asi es Su Vida (Audio CD)

by James Allen

El Hombre Mas Rico de Babilonia: La Vesion Original Renovada y Revisada

by George S. Clason

BN Publishing

www.bnpublishing.com

www.ingramcontent.com/pod-product-compliance
Lightning Source LLC
LaVergne TN
LVHW090616110826
845146LV00001B/406
9789563100297